宇垣美里のコスメ愛

BEAUTY BOOK

宇垣美里

宇垣語録

メイクはお絵かき。

スキンケアは
お絵かきを
たのしむための
キャンバス作り。

“トムフォード使ってるぜ！”感にアガル

デパコスは基本全部アガりますね♡

赤リップを塗れば強くなれるし、勝てる気がする。

一体何に勝つんだ？って話ですが（笑）。
単純に自信を持てればいいんです。

すッパイチュウはもはや主食。

新しい優秀な化粧品に出会うと、
嬉しい反面、『**知りとうなかった…**』と
恐ろしくなる。もう棚がパンパンだよ…。

いつも同じ
メイクと
思われるのは、
しゃく（笑）

洋服にも言えること。
同じ人に同じメイクや
服で会いたくない。

推しのコスメは、全力で**布教活動。**

自然界の配色に間違いなし！

かぼちゃ、夕日…etc.メイクの配色に迷ったら自然に習う。

美容雑誌のお仕事は
もはや趣味の世界。

どうして私はメイクが好きなんでしょう

朝　眠たかったり　面倒くさかったり

たまに放りだしたくなる日だってある

メイクで世界は変わらない

それでも　厳しい社会に立ち向かう　自分を鼓舞するために

どんな瞬間も　人生を思いっきり　楽しむために

自信を持って　生きていくために

今日も今日とて　自分に魔法をかけるのです

美意識が低いことに意味なんてない

ただ　なりたい自分になることができるから

私は　メイクが好き

鏡に向かって　お気に入りの口紅をひけば

ほら　完璧　　私は無敵

宇垣美里

CONTENTS

Chapter #1

人気アーティストが引き出す新たな表情

自分でメイクをするのと同じくらい、“される”のも好き。
プロのメイクはやっぱり違う。
メイクルームでは、オタクな視点で
使っているものやテクニックを凝視しています。
プロの技が盗める上に、
知らない自分に出会えて、
私の飽くなき変身願望も満たされる♡

× 笹本 恭平

KYOHEI SASAMOTO

× 中山 友恵

TOMOE NAKAYAMA

× 林 由香里

YUKARI HAYASHI

× KYOHEI SASAMOTO

“スッとひと差ししたプラム色で
内なる色香が何倍にも増幅”

仕上げのヘアも大事！

「プラムのラインで宇垣さんの凛とした色気を表現しました」

by 笹本恭平

宇垣（以下U） 笹本さんのメイクは、いつも男性ならではの客観的な視点がすごく勉強になります。

笹本（以下S） ありがとうございます！ 今日は宇垣さんの新しい魅力を引き出すべく、〝色っぽさ〟をテーマにメイクしました。

U セクシーとは、少しニュアンスが違って…どこかに凛とした強さも感じられるところが素敵！

S 赤みを帯びたプラムは、色自体がすでに女らしい。その女らしさがトゥーマッチにならないように、ラインを狭い範囲に限定して効かせることで、色気のニュアンスをコントロールしているんです。

U あと感動したのは、目頭の下にちょこんとのせたプラムのシャドウ。入れた瞬間に表情が変わったのを実感しました！

S アクセントの役割もあるし、上に引いたプラム色のラインとリンクすることの相乗効果で、目幅が拡大し、眼差しが印象的になるんです。

U プロならではの緻密な計算！

S 計算でいうなら髪型に関してもそうです。宇垣さんの美形を引き立てるためにミニマルなセンターパーツのストレートヘアを合わせました。あえて装飾を抑えることで、相対的に宇垣さんがもつ媚びない色気やメイクの女らしさが際立つというわけです。それは、シャープでシンプルな黒を選んだ洋服にもいえることですが。

U ヘアだけでなく洋服まで…。だから笹本さんのメイクは、ヘアを仕上げて、洋服を着替えた瞬間にさらに輝くんですね！

C

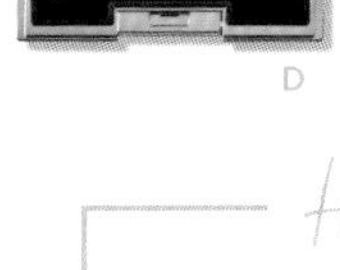
D

JILLSTUART
A

B

How to Make-up

カラーラインは“太め”くらいがちょうどいい

Cのライナーを目頭から目尻まで太めに入れたら、目尻は2、3mm長めに。切れ長の目元を演出します。Dのシャドウは、上段2色を混ぜてアイホールにのせ、まぶたに自然な陰影を。同じくDの左下のプラムシャドウを下まぶたの目頭にチップで入れアクセントに。チークは、Aの5色を混ぜて低い位置に広めにオン。リップは、Bをスティックで輪郭に沿って直塗り。チークとリップは色気とは真逆の清楚なピンクを合わせることで、メイク全体が品よくまとまります。

A.フォギーな発色で上品な血色を演出。ジルスチュアート ブルーム ミックスブラッシュ コンパクト 11 ¥4,200　B.ミルキーかつヌーディなソフトピンク。コーセー ヴィセ アヴァン リップスティック クリーミィマット 101 ¥1,600(編集部調べ)　C.軽いタッチで描ける。ディオール ディオールショウ 24H スティロ ウォータープルーフ 851 ¥3,000　D.どの組み合わせもシックにまとまるモダンな配色。SUQQU デザイニング カラー アイズ 14 ¥6,800

× TOMOE NAKAYAMA

“繊細なラインに託す
柔らかでしなやかな
女性の強さ”

ニュアンス黒ライナーで まつげや黒目の存在感を高めて 意志の宿るまなざしに

by 中山友恵

中山友恵／美容雑誌や広告など幅広く活躍中。あらゆる色や質感を自由に操りながら、女の子の本能に響く顔へと着地させる。超絶テクニックをもった、まさに透明感請負人。

宇垣（以下**U**） 中山さんのメイクはナチュラルで、どちらかというとかわいらしい印象だったので、今日のメイクは意外でした。

中山（以下**N**） ふふふ♡ 雑誌とは違って、今回は宇垣さんの美容本。しかも新たな表情を引き出すということで、すごく自由に楽しくメイクさせてもらいました。宇垣さんはすごく自分をもっている方。そこが素敵だし魅力だと思うので、メイクでは、その〝芯〟みたいなものを表現したかったんです。それで、アイラインをポイントにしたメイクにしました。

U アイラインはすごく好きで、普段からいろいろ試すんですが、実はキツく見える黒が苦手で…。

N このメイクはどうでしたか?

U 黒を使っているはずなのに、キツく見えない。これなら自分でもやってみたいと思いました!

N 実はこれ、限りなく黒に近い、チャコールグレーなんです。

U 黒じゃないんですね!

N 黒みたいな強さはありつつ、軽さや抜けもある。それをまつげ際に繊細に仕込むことで、キツく見えることを上手に回避しつつ、意志を感じるまなざしに。

U 他のパーツがヌーディだから、繊細なラインがより生きて、不思議と柔らかさも感じました。

N 嬉しい。まさに狙い通り! 芯はあるけれど、決して頑なじゃない。柔軟でしなやかな強さが、宇垣さんにぴったりかなと!

U 身に余るお言葉です…! 夕日みたいなチークも気に入ったので、即行買いに行きます!

A

B

C

D

E

How to Make-up

ヌーディトーンで自身の肌や骨格を活かす

目元は**A**をアイホールに入れたら、**D**のライナーを上下のまつげ際全体に。ライン(=線)を引くというより、まつげの隙間を埋めるイメージで。続いて**B**のシャドウをその上に重ねて、ラインをさらになじませます。チークは**E**を頬骨下のくぼみに沿って入れたら、こめかみとフェイスラインにも軽くオン。リップは**C**を指に取ってぼかすようになじませます。ラインをアクセントにしつつ、元の肌や骨格を活かしたヌーディなメイクは、しなやかな強さと同時に洗練をもたらします。

A. まぶたの肌色を整えるようなスキンベージュ。アディクション ザ アイシャドウ マット 003M ¥2,000 **B.** まるで元からそこにあったかのようなリアルな影色に。同 006M ¥2,000 **C.** 粘膜に同化する進化系マットリップ。セルヴォーク リベレイティッド マット リップス 05 ¥3,500 **D.** 限りなく黒に近い墨色。カネボウ化粧品 ルナソル シークレットシェイパーフォーアイズ 05 ¥2,800 **E.** 肌にヘルシーなムードを連れてくるイエローオレンジ。アンプリチュード コンスピキュアス モノチークス 03 ¥5,800

“ハッピー感やオープンマインドを連れてきてくれる、軽やかな赤リップ”

× YUKARI HAYASHI

私たち共通点があるかも??

なじむ色みと自然なツヤで好感度の高い赤リップを目指しました！

by 林 由香里

宇垣（以下U）　林さんのメイク大好き。していただくのはもちろん、実は、林さん自身のセルフメイクまでチェックして、こっそり真似させてもらっています。

林（以下H）　えー（照）うれしい。私も宇垣さんとは、どこか似た者同士なところを感じています。人見知りな部分もあると思うんですが、閉じていないというか。内側はすごいオープンというか、ポジティブですよね！

U　悩まないおおざっぱなO型なので（笑）。ぼーっとして暗くなるタイミングがないんです。

H　そう言い切るところが魅力！そのマインドというかテンションを、今日の赤リップに託しました。

U　赤リップ、大好きです。赤の色みの違いでいろんな女性像になれるし、強い気持ちになれる！

H　今回はパッキリしすぎず、血色の延長のようななじみ赤を選びました。色と同じくらい印象を左右するテクスチャーは、あえてツヤのあるものを。血色感×ツヤで生命力あふれるイメージに！

U　誰もが使いやすく、似合いやすい王道の赤の印象です。

H　だからリップ以外に遊びを入れて、いい子ちゃんにまとまりすぎないようにしているんです。

U　目元のパープルですか？

H　そう！　透けるようなアイシーパープル。さすがだな～。温かみのある色みの中に、一見ミスマッチな寒色の輝きを入れることで、一気に洒落るんですよね。

U　林さんじゃなきゃ思いつかないし、成立しない色合わせ♡

C

D

E

A

B

How to Make-up

赤みトーンに寒色を効かせて、遊び心を

目元は、Cをアイホールに薄く入れて、まぶたにニュアンスと透明感を。さらにその上から二重幅にDを軽く重ねます。同じくDのシャドウを下まぶたに薄く入れたら、Aのラインを下まつげの際に重ねて、血色がにじんだようなまなざしに。リップは、Eを唇の山部分に丸みをもたせるように塗り、ほんのり女らしく。チークは、Bを頬の正面から内側をメインに入れて、カジュアルを意識。かわいらしさの中に程よい抜け感が漂うのは、まぶたに仕込んだパープルのおかげ。

A. 繊細なパールと深みのある発色。目元に奥行きを与えるブラウニッシュなレッド。カネボウインターナショナルDiv. カネボウ ディープジェルアイライナー 03 ¥3,200　B. 大人っぽいくすんだオレンジ。カネボウ化粧品 ルナソル カラーリングシアーチークス 08 ¥5,000　C. 偏光パールがゆらめくシアーなパープル。アディクション ザ アイシャドウ スパークル 005SP ¥2,000　D. 肌になじむコーラルオレンジ。同 019SP ¥2,000　E. 唇にツヤと潤いをもたらすこっくりなめらかなテクスチャー。SUQQU モイスチャー リッチ リップスティック 09 ¥5,000

Chapter #2

宇垣流
セルフメイク

メイクとは…私にとって遊びであり、魔法であり、

ときに、闘うための武装のようなものでもある。

お絵かき感覚で、色や質感を操れば、

どんな自分にだってなれるし、何度だって生まれ変われる。

ああ、メイクってやっぱり最高！

宇垣'sルール

大学生でメイクに目覚めて早10年…。
ここ最近は、プロにメイクをしてもらう機会も多く、
テクニックや引き出しがますます増えている模様。
マニアっぷりに拍車がかかる宇垣さんのセルフメイクのこだわりとは？

01

まずその日の主役を決める！

メイクの前に、まずその日の主役を決めます。それはリップでもアイシャドウでもいい。主役を決め、それを基準にしてほかのメイクを組み立てれば、ちぐはぐになることも、やりすぎになることもない。バランスよくまとまります。

02

ハズシや遊びを必ずどこかに入れる！

ハズシや遊びとは、私にとって“カラー”で、必ずメイクのどこかに色を入れます。例えば、ブラウンのシャドウにボルドーのラインといった具合。面積が小さいマスカラやラインで取り入れるのが、失敗知らずでおすすめです。

03

同じメイクはなるべくしない！

顔はひとつなのに、使いたいコスメや試したいメイクはたくさんある！ 毎日同じメイクなんて…もったいなさすぎます！ もちろん完璧には無理ですが、特に同じ方とお会いするときには同じメイクをしないと決めています。

ITEM:01

ピンクシャドウ

大学生のときに初めて買った
コスメもピンクシャドウ。
濃いめのモードなものから淡くナチュラルなものまで
いろいろなピンクをつけます。
ピンクを使いたくなるのは、今日はなんだかハッピー♡
とか、女友だちと飲むぞー！って日が多いかも。

NARS

パール感と色みが絶妙で
白目がきれいに見える♡

「特にお気に入りがこれ。青みを感じるピンクの色みとゴールドのラメのバランスが天才的。もう1年半くらい愛用しています」NARS ハードワイヤードアイシャドー 5334 ¥2,500

こんな
仕上がり!

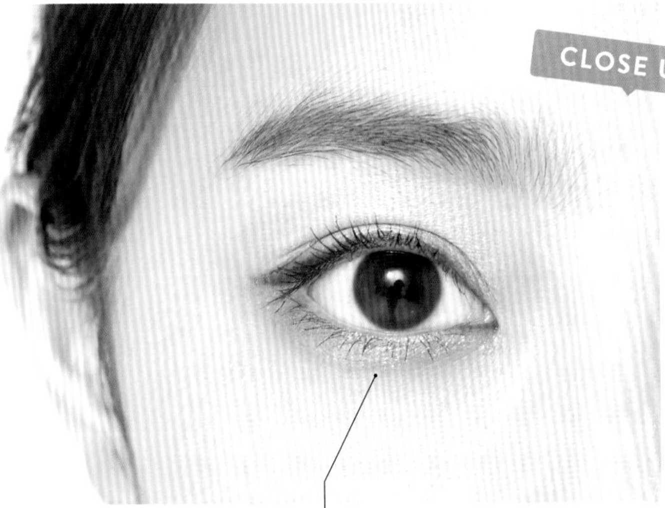
CLOSE UP!

下まぶたに使って
甘くなりすぎないように

ラメもたっぷりでかわいらしい印象のピンクは、下まぶたにポイント使いするのが好き。こうすると甘さが程よく抑えられて大人っぽくつけこなせます。

ファッションは
こんなかんじ!

How to Make-up

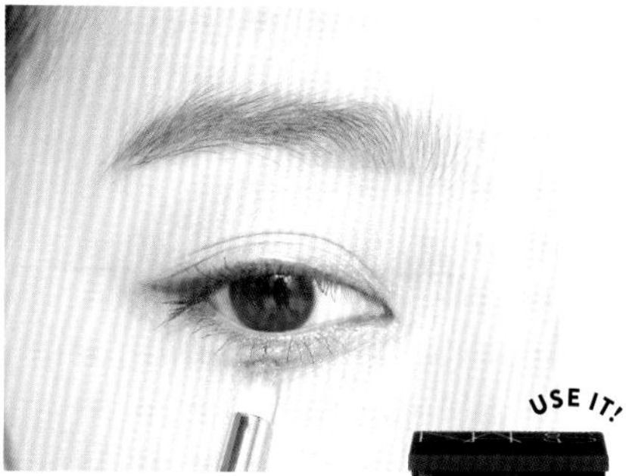

1 まずは黒目の下から塗りはじめます

シャドウをブラシに取ったら、黒目の真下から塗り始めます。一番濃く色を出したい部分からスタートするときれいに色がのります。

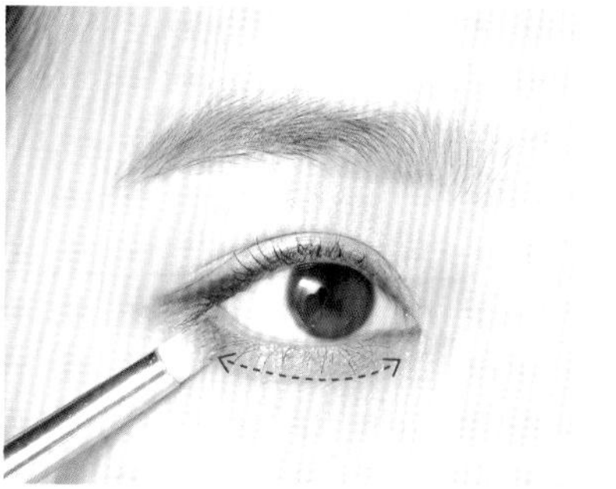

2 ワイパーのように左右に塗りひろげます

そのままブラシを左右に動かして、目頭から目尻まで塗っていきます。ワイパーのように、何度か往復させるとラメも色もきれいに発色。

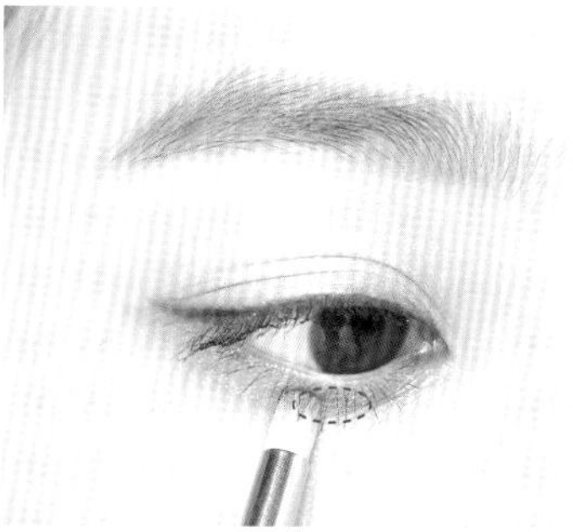

3 中央に重ねづけして光を集めます

ブラシに新たにシャドウをつけ足し、黒目下の中央のみに重ねづけ。ここに光が集まると涙袋がぷっくり見えるし、今っぽくなるんです。

OTHER ITEM

←「ベージュピンクは上まぶたに。指でサラッと軽く入れて、下まぶたのピンクを引き立たせます」アディクション ザ アイシャドウ パール 011P ¥2,000

→「シックなくすみレッドで口元をハズします。しっかり血色感のある色なので、チークはあえてなし」コスメデコルテ AQ リップスティック 08 ¥6,000

ITEM:02

赤リップ

ひと塗りするだけで、
パッと肌が明るく見えるし、メイク感も出る。
その上なんだか強くなったような気持ちになれる！
赤リップもセルフメイクには欠かせないアイテムです。
絵の具みたいなキュートな赤も、白雪姫に出てくる
王妃がつけていそうな深い赤も…全部好き！

わかっている人が選ぶ
まさに玄人好みの赤！

私の中のジバンシイのイメージをガラリと変えたのがこの赤リップ。"本物を知る人に選ばれる"完璧な色、質感、パケ。ただただ美しい」パルファム ジバンシイ ルージュ・ジバンシイ・ベルベット 36 ¥4,600

こんな
仕上がり!

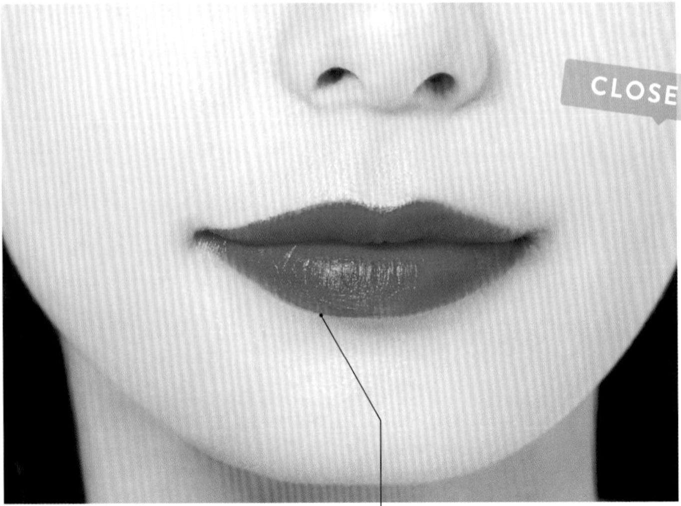

シンプル＆大胆に
ベタ塗りするのが気分！

ぼかすのか、きっちり塗るのか。塗り方次第で印象が変わるのも赤リップの面白さ。こんな正統な赤は、スティックで直に塗るくらいのラフさが◎。

ファッションは
こんなかんじ！

How to Make-up

1 唇全体をざっくりラフに塗ります

赤リップだからと気負ってリップブラシを使う必要はなし。いつものリップメイクの延長でスティックでざっくりと直塗りします。

2 リップの先端を使い輪郭をなぞります

全体を塗ったら、リップの先端を使って輪郭をなぞりながら整えます。ここでもあくまでリップブラシは使わないのがポイント。

3 上唇の山同士をつなげてまあるく♡

ちょっと薄めな唇をリッチに見せるためのひと工夫。上唇の山同士をつなげるように描くと、ふっくらボリューミィに見えるんです。

4 ガタつきやハミ出しをめん棒で整えます

ラフが雑に見えないように、明らかなガタつきやはみ出しがあれば、めん棒で拭って整えます。濃い赤のとき程このひと手間が大事！

OTHER ITEM

←「主役は赤リップなので、その他のパーツはとことん引き算。シャドウもチークもなしで、目元のインサイドラインを隠し味に」アディクション ザ カラーシック アイライナー 10 ¥2,500

←「眉も気持ち強めに描いて。気分は『放課後の音符』に出てくる年上のお姉さん♪」ボビイ ブラウン パーフェクトリー ディファインド ロングウェア ブロー ペンシル 10 ¥4,800

ITEM:03

ブラウンリップ

ブラウンリップの魅力は、
なんといっても塗るだけでオシャレ見えするところ。
こんなありがたい色はないです♡
愛してやまないチョコレートを思わせる色みも
無性に惹かれる理由なのかもしれません。
特に秋冬に恋しくなる傾向があります。

POLA

さすがB.A様。
塗り心地も最高なんです

「マスカラを目当てに店頭に行った際に、タッチアップさせていただき“ひと塗りぼれ”。つるんとつけ心地もよく、チップも塗りやすい」ポーラ B.A カラーズ リップグロス CB ¥4,200

こんな
仕上がり!

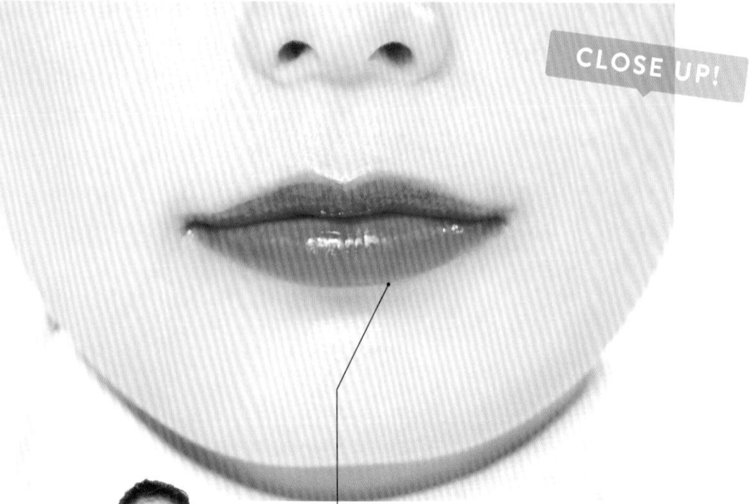

こっくりした色みと軽やかなツヤのバランスが絶妙

ブラウンリップでも、マットな口紅だと人によって肌が沈んだりしますが、ツヤがあるグロスならそんな心配もなし。サッと塗るだけで決まるのもうれしい！

ファッションはこんなかんじ！

How to Make-up

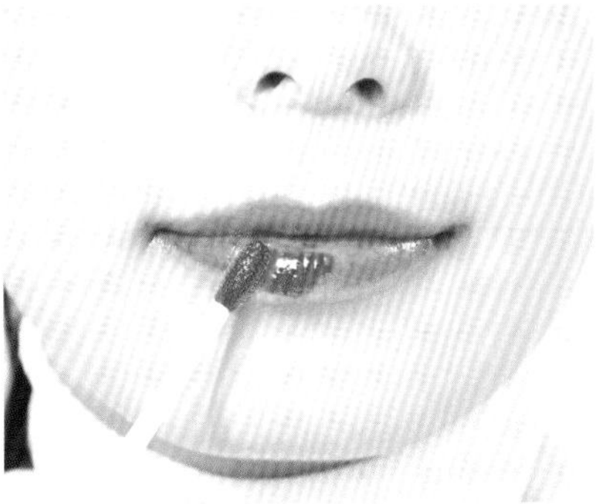

1 中央から唇全体に塗りひろげる

もはやテクニックという程でもありませんが…（笑）。グロスのチップを使い、中央から全体へ塗りひろげます。ブラウンの色みとツヤを楽しむためには、たっぷりと塗るのもポイント！

ん〜っぱ

2 上下の唇を合わせてなじませます

上下の唇を合わせて「ん〜っぱ！」を何度か繰り返し、さらにグロスを唇全体になじませます。透け感のあるグロスだから、少しくらいはみ出しても気にしない♪

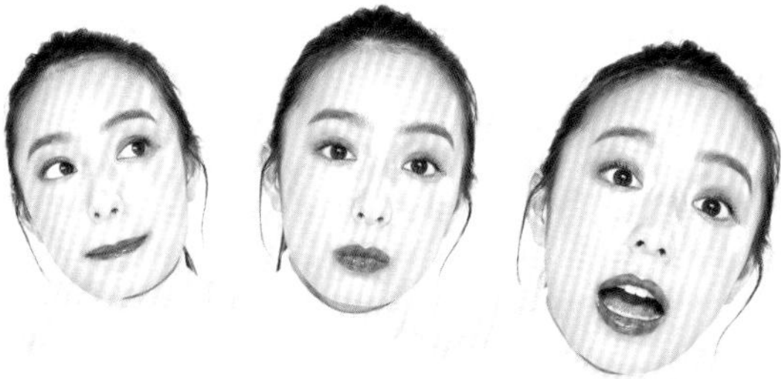

OTHER ITEM

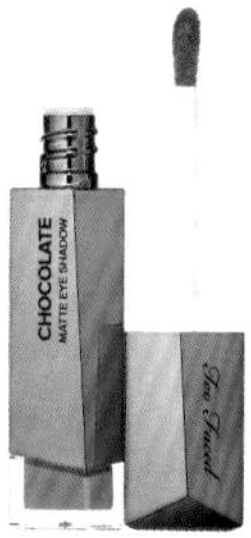

←「リップにツヤがあるので、目元はマットな質感を」トゥー フェイスド メルテッド チョコレート マット アイシャドウ ウォーム&ファジー ¥2,800

←「グラデーションが美しいチークは使い勝手も抜群！ 頬の正面に右側を、頬骨に沿って左側をオン」SUQQU ピュアカラー ブラッシュ 11 ¥5,500

ITEM:04

限りなくダークで
奇抜すぎないところが◎

「光に透けたときの色が美しい。ボリューム、長さ、カールアップ効果も優秀。好きすぎて、紫と青ももっています」アンプリチュード エクストラボリュームカラーマスカラ 01 ¥4,400

しっかりグリーン、
なのに浮かない！

「発売日前からチェック！ アンプリチュードのニュアンスカラーは間違いない！ 筆も恐ろしく描きやすいです」アンプリチュード ロングラスティング リキッドアイライナー 05 ¥4,300

Amplitude

グリーンライナー&マスカラ

カラーライナー＆マスカラがとにかく好き。
シャドウだと使いこなすのが難しいグリーンといった寒色も、
ラインやマスカラなら気軽に取り入れられる。
さり気なさすぎて人には気づかれないとしても（笑）、
自分が好きな色をまとっていることで、強くなれる気がします。

こんな
仕上がり！

光や角度によって現れる
ニュアンスグリーン

グリーンを塗っています！と表立って主張していない。このくらいのニュアンスがまさに理想。自分やメイク好きな友だちがわかってくれるだけでいいんです。

ファッションは
こんなかんじ！

How to Make-up

1 リキッドラインを目の際に引きます

目頭から目尻まで、目の際全体にラインを引きます。目立ちすぎず、かつ色を楽しむためには細めに引いて、目尻を少し長めにするのが◎。

2 マスカラは根元から丁寧に塗る

マスカラは根元ギリギリから塗ると、ラインとつながって一体感が増します。カラーマスカラを使うときは、まつげを上げすぎないのもポイント。

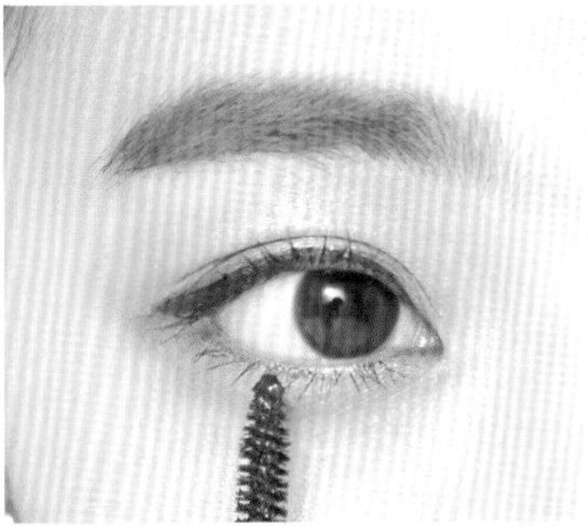

3 下まつげはブラシを立てるようにして

上まつげの次は下まつげにも。細かい下まつげはブラシを縦にして、左右に動かしながら塗ると短い毛までしっかりと色づきます。

OTHER ITEM

↑「かなり愛用しているスックらしいオシャレ色。まぶた全体にのせて、グリーンが映える背景作りを」SUQQU トーン タッチ アイズ 16 ¥3,700

↑「仕上げにまぶたの中央に重ねたアイシャドウ。繊細なきらめきは、上品な華やかさを演出してくれます」SUQQU トーン タッチ アイズ 12 ¥3,700

←「のせた瞬間から肌が感じる上質な粉感。頬全体にフェイスパウダー感覚で広く淡く入れて、ピュア肌に」コスメデコルテ AQ ブラッシュ 07 ¥6,800

←「合わせるメイクの色を選ばない上品なピンクベージュ。シンプルにスティックから直塗り」ジルスチュアート ルージュ リップブロッサム 204 ¥2,800

ITEM:05

オレンジ&パープルシャドウ

アイシャドウパレットはコスメ界のスター。しかもオレンジ×パープルの配色って、もうお祭りです！ こんな祭りなパレットは派手が許される場所にここぞとばかりに使う。といいつつ普段使いもしたいので、必ずBAさんに5パターンくらいの使い方を聞いてから買っています（笑）。

TOM FORD

〝アフリカン バイオレット〟。この色名にノックダウンでしょ！

「このパレットでトム フォードデビュー。以来トムフォード様にドハマり。大人になったなと実感します。発色が超絶美しく、ナチュラルメイクもいけるんです。色名もイケている！」トム フォード アイ カラー クォード 23 ¥9,400

こんな
仕上がり!

CLOSE UP!

4色すべてを使って
パレットを楽しみ尽くす

美しい4色を余すところなく堪能。上下で色を使い分けることで、それぞれの美しさがより際立つ。こんなメイクはあえてシンプルで大人っぽい服に合わせたい。

ファッションは
こんなかんじ!

How to Make-up

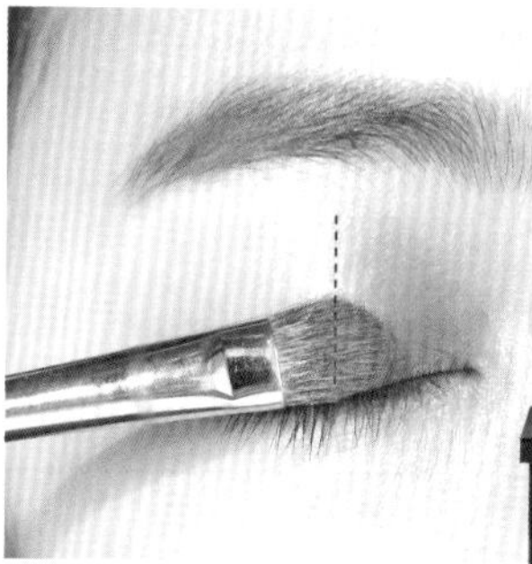

USE IT!

1 目頭側半分に オレンジをのせます

パレット右下のオレンジをブラシにとり、アイホールの目頭からまぶたの中央までのせます。上下ではなく、左右にグラデを作る要領で。

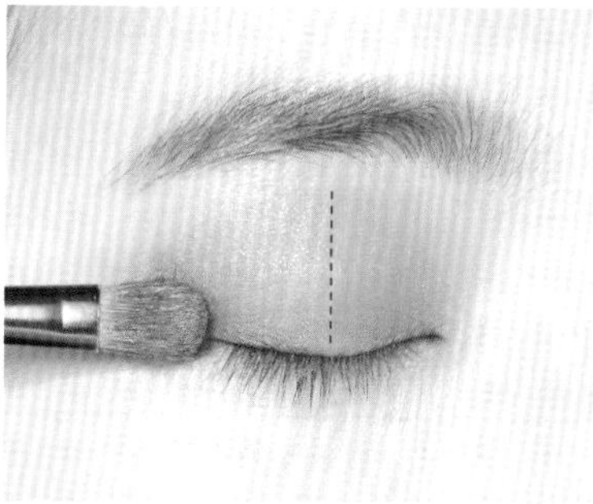

2 目尻側半分に ブラウンをのせます

パレット左下のブラウンを、アイホールの目尻側半分に入れます。境目はブラシで自然になじませ、美しい夕日をまぶたに描くイメージ♡

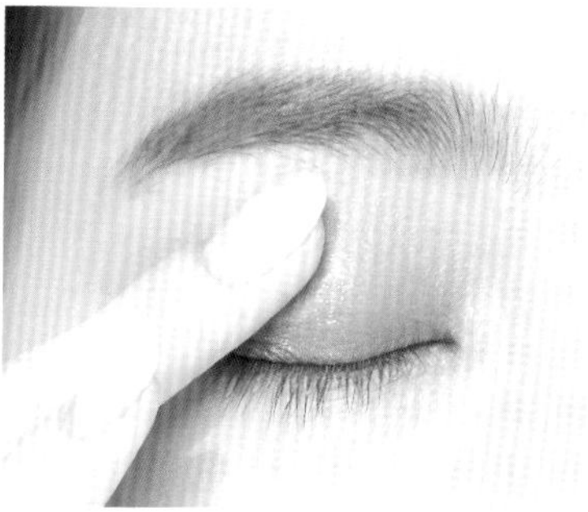

3 ゴールドを 指でまぶた全体にオン

パレット右上のキラキラゴールドを上まぶた全体にのせます。指でぼかしながらなじませて、オレンジとブラウンのグラデにさらに奥行きを。

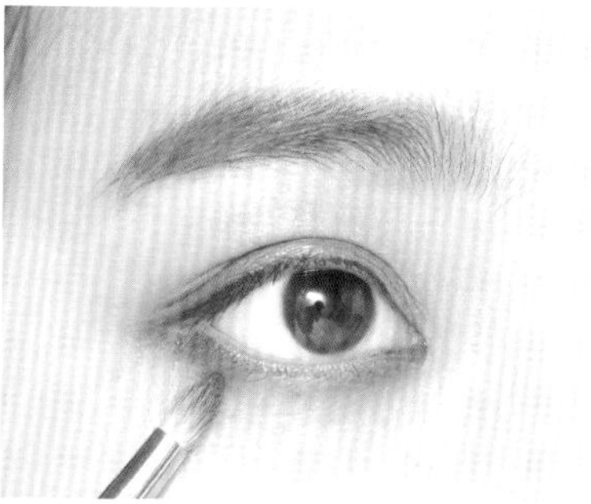

4 下まぶた全体に パープルを入れて完成！

パレット左上のパープルを下まぶた全体に。涙袋の範囲を目安に、目尻のみやや太めになじませて。シャドウが主役なのでマスカラとラインはなし！

OTHER ITEM

←「リップもトム様で統一すれば、間違いなくオシャレ顔。ブラウンともモーヴともいえる絶妙カラー」トム フォード リップカラー OLAチャドウィック ¥4,000

←「これは肌色が死なない貴重なベージュ。色違いのピンクも愛用」ヤーマン オンリーミネラル N by ONLY MINERALS ミネラル ソリッドチーク コンプリート 04 ¥3,200

セルフメイクに欠かせない名品10

トレンドや気分で使い分けたり更新するアイシャドウやリップに対して、
ベースやマスカラなどはお気に入りのものを何年もずっと愛用。
どれもなくなったら困る !! アイテムばかりです。

01.

クレドポーの下地とファンデ

肌作りに欠かせないのがこのセット。薄ピンク色の下地は、肌のノイズをオールリセットしてくれて、すりガラスみたいな肌に。ファンデはとにかく好き！“素肌がきれい感”を演出してくれて、崩れ方まで美しい。ちゃんと皮膚呼吸ができるような軽さで罪悪感もないんです。

右／クレ・ド・ポー ボーテ ヴォワールコレクチュールn［SPF25・PA++］40g ¥6,500
左／同 ル・フォンドゥタン［SPF25・PA++］30g ピンクオークル10 ¥30,000

Helena Rubinstein

02.

ヘレナのマスカラ

もう何年も愛用している私的No.1マスカラ。スーン！ってまつげがのびて、地まつげがとても長い人みたいになれるし、カールのもちもいい。免税店に行ったときは必ず買い溜めします。去年なぜか一時欠品が続いたときがあり、本気で焦りました…。

独自のコブラヘッドブラシが、根元からまつげをキャッチ。ヘレナ ルビンスタイン ラッシュ クイーン コブラブラック WP 01 ¥4,800

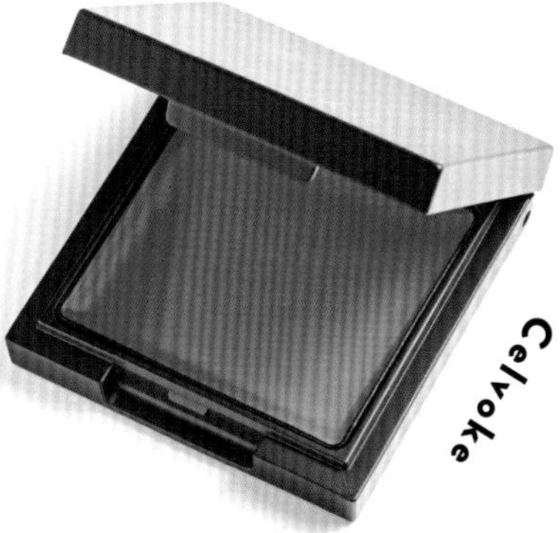

Celvoke

03.

セルヴォークのチーク

体温が低く、血色を足さないと途端に顔色が死んでしまうので、クリームチークは常にもち歩いています。中でもこれは、ぶどうのようなプラムのような、他にはない赤紫っぽい色みがとにかく好みで溺愛！ 小さいサイズ感で、鏡がついているところもポイントが高い！

ベースメイクのように肌になじみ、ほんのりと頬を染め上げる。セルヴォーク カムフィー クリームブラッシュ 04 ¥3,200

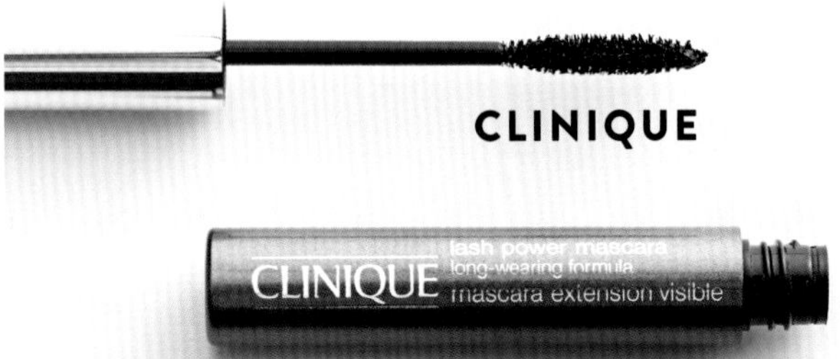

04.

クリニークのマスカラ

これは下まつげ専用です(笑)。小回りの利くコンパクトなブラシが細かい部分にも使いやすくて、スンときれいについてダマにならない。生まれつき下まつげが長い人になれます。これとヘレナとエレガンスの3本は、旅行にも必ずもって行くほどお気に入り。

売り上げ合計251万本突破の大ベストセラー。お湯落ちタイプでまつげにも優しい。クリニーク ラッシュ パワー マスカラ ロングウェアリング フォーミュラ 01 ¥3,500

これも毎日必ず使います。マスカラ下地にありがちなキシキシやゴワゴワ感が一切なく、まつげに長さが出るし、カールもキープしてくれる。これに出会って、まつげが下がるという悩みから開放されました。毎日使ってもなぜか減らず、コスパもいいんです。

しなやかな上向きカールを一日中キープするウォータープルーフ処方。エレガンス カールラッシュ フィクサー ¥3,000

Elégance

05.

エレガンスのマスカラベース

NARS

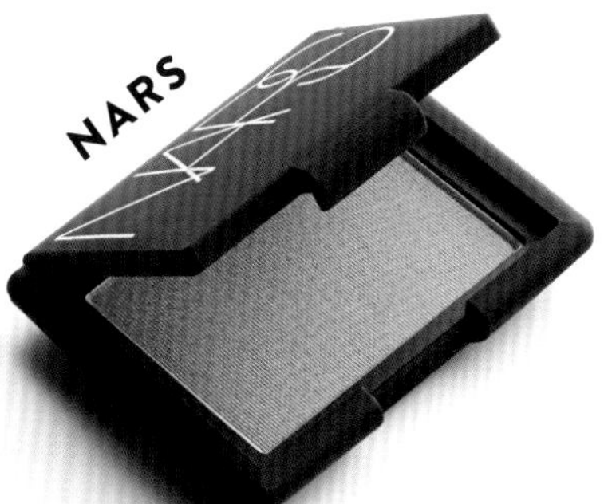

なじむというより面で光る感じが気分で、最近とくに出番多め。ハイライトみたいに角度でキラキラ〜って輝く感じがとにかくアガる！ 昔はパウダーチークが苦手でクリーム一辺倒でしたが、これで克服。今はクリームの上に重ねて使うのがマイブームです。

コーラル×ゴールドパール。多くのメイクさんからも支持されるNARSのアイコン的チーク。NARS ブラッシュ 4013N ¥3,700

06.

ナーズのチーク

& be

初めて使ったとき、その描き心地に感動。今まで試してきたどのライナーより圧倒的に描きやすい！ブレないし真っ直ぐ描けるし、その上にじまない。もはやなくてはならない必需品で、「もって来るの忘れたー！」と東京駅で慌てて買ったという思い出も。

汗、涙、皮脂に強いトリプルラスティング処方。描きやすい毛足短めのブラシ。クルー &be リキッドアイライナー ブラウン ￥1,500

07.

アンドビーのアイライナー

友だちから韓国土産でもらって、即スタメン入り。ミラーボールのような、おもちゃのような…とにかく日本のコスメにはない、ギランギランな輝きが面白い！ 下まぶたに入れたり、他のシャドウの上から重ねたり…と、意外と汎用性が高いところも優秀なんです。

贅沢なラメが濡れたようなツヤを演出。印象的なまなざしに。G10は一番人気カラー。CLIO プロシングル アイシャドウ G10 ￥1,200

CLIO

08.

クリオのアイシャドウ

DOLCE & GABBANA

09.

ドルガバのハイライト

とにかくハイライトに目がない私。最近新たに仲間入りして、リピート確実なのがこれ。ギラギラしないし、ミルクみたいに柔らかなテクスチャーなので、下地に混ぜて使って“とぅやんとぅやん”にしています。ファンデの上から追いハイライトをしても最高です。

水分70％のウォーターベースジェル処方。ドルチェ＆ガッバーナ ソーラーグロウ ユニバーサル イルミネーティングドロップス 15mℓ ¥5,800

dejavu

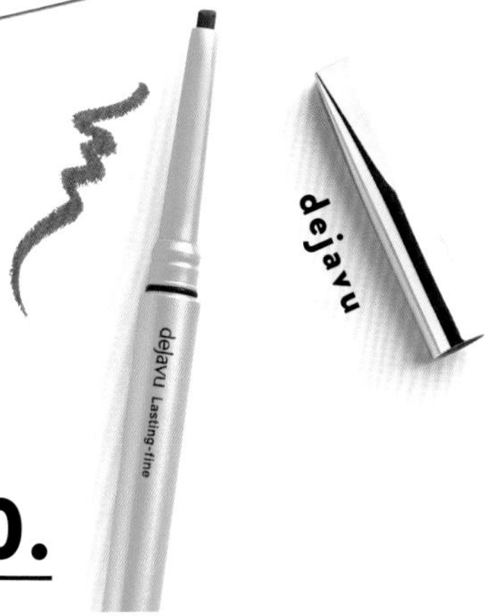

10.

デジャヴュのアイライナー

まつげの隙間を埋めるのに欠かせないアイライナー。黒だと浮いてしまう粘膜ラインも、これなら自然になじんで色素薄い系の目元を作ってくれる。赤みのないブラウンが絶妙なんです。ドラッグストアで手軽に手に入るのもありがたい！ 数ヶ月に１度は買っていますね。

極細ラインから太めラインまで自在な楕円芯。イミュ デジャヴュ ラスティンファインE クリームペンシル モーヴブラウン ¥1,200

ポーチの中身♥

夜に大事な予定がある…などの特別な場合を除いて、
ポーチの中身は基本的にこんな感じ。
ミラーは別でもち歩いて、ポーチの中は最小限にしています。

1

のどトローチ

のどが潤うトローチは仕事のときのマストで会社員時代から愛用。上顎に貼る珍しいタイプで、これがあれば永遠にしゃべり続けられます。※

2

ローズラボのリップグロス

フレグランスみたいにリアルなローズの香りが芳しくて、このピンクベージュの色もとてもよい。ローズラボ ローズリップグロス 02 ¥2,500

3

コンタクト用目薬

コンタクトがゴロゴロしたときのために。使用期限が心配なので、清潔に使える使い切りタイプが好きです。ちなみに裸眼のときはロートV。※

4

アンプリチュードのリップコート

リップの上に重ねて使用。色も落ちにくくなるし、ぷるぷるのツヤツヤになります♡ アンプリチュード クリア リップコート ¥3,300

5

ディオールのリップオイル

単品はもちろん口紅に重ねても。ノールックで塗れる気軽さもありがたい。ディオール ディオール アディクト リップ グロウ オイル 015 ¥3,800

6

ヴァイタルマテリアルのリップバーム

最近のヒット！ 縦じわもなくなるし、潤うし、薬用レベルで効能が高い！ ヴァイタルマテリアル リップバーム レモンミント 14mℓ ¥1,800

7

セーラームーンのマルチバーム

かわいいセーラムーンのバーム。ちょっとした保湿にマルチに使える！ とにかくグッズが欲しかった幼い頃の願望を、今満たしています。※

8

ディオールのリップマキシマイザー

潤うし、唇も色づくので、一石二鳥！ 透け感のある紫がかわいい♡ ディオール ディオール アディクト リップ マキシマイザー 006 ¥3,700

9

ukaのネイルオイル

大好きなukaのネイルオイル。ネロリ、ゼラニウムの香りで塗るたびにリフレッシュ！ uka ネイルオイル ブーケ ¥30,000（10本セット価格）

10

フェイラーのくまさんポーチ

フェイラーがとにかく好き。もふもふな触感に癒やされたくて、気づくとついモミモミしています。フェイラー ドアップテディ ポーチ L ¥4,400

※宇垣さん私物

仕事に
欠かせません
PITAS
のどの痛み
はれに効く
Bouquet
LIP GLOSS
ROSE LABO
リップは気分で
2本くらい常備
VITAL MATERIAL
Menthe Citron
Baume Pour Les Lèvres
LIP GLOW OIL
この表情が
たまらない!

Chapter #3

美肌の秘密

キャンバスがきれいじゃないとお絵かきが楽しめない…。
それは、ルールをわかっていないとゲームが楽しめないのと同じ感覚。
私にとってスキンケアとは、お絵かきのための大切な土台作りです。
もちろん、肌の調子がいいとモチベーションアップにもつながるので、
美肌を目指して、日々自らの顔で貪欲に実験しています。

宇垣'sルール

お絵かきの土台作り…なんてサラッといいながらも、
実際の宇垣さんの肌は、プロも驚くツルピカっぷりで、まさに透明感の塊！
どんなこだわりをもって、どんなケアをしているのか…？
その秘密をここからたっぷりとご紹介します。

01

とにもかくにも保湿が命！

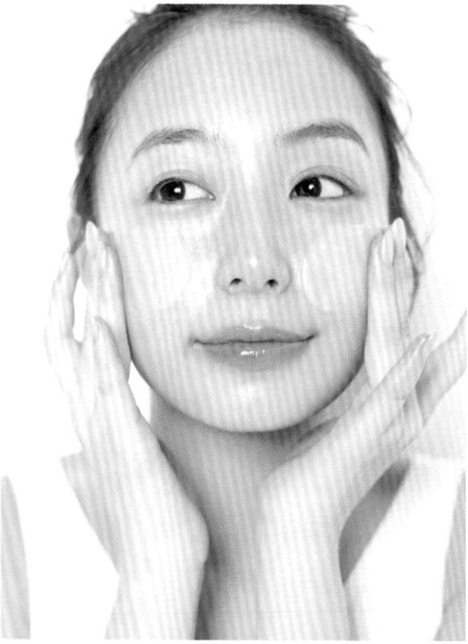

小さい頃はアトピーに悩まされたこともあるくらい、もともと超がつくほどの乾燥肌。なので、美白やアンチエイジングも気になりますが、ケアの最優先はまず保湿！ 常に潤っていないと心配で、逆にベタついてるくらいが落ち着きます。

02

落とすケアを怠らない！

メイクを落とさず寝るとか、絶対にありえないです！　歯磨きをしないで寝られます？　みたいな。ダルいな〜ってときはペペッと済ませることもありますが、必ず落とす。頑張るのは基本苦手な私も、そこはだけは頑張ります。

03

モチベーションを大事にする！

たとえどんなに肌によくても、しんどかったり楽しくないことはしないのがモットー。美容は私の中の大切なエンタメでもあるので、見て、使って、塗って…アガるコスメを上手に取り入れて、楽しみながらケアをしています。

朝のスキンケア

低血圧なので、朝は『マジで眠い…』って思いながらケアをしています（笑）。
元気ハツラツなんて夢のまた夢。淡々とケアをするのが現実です。
洗面所までたどり着いて、洗顔して…徐々に目が開くというか、目覚めざるをえない。
でも逆をいえば、この時間があるから毎日スタートを切れるんだと思います。

Basic

「少しでも長く寝ていたいから、朝は保湿とUVケアを優先してミニマムなケアを」

Start!

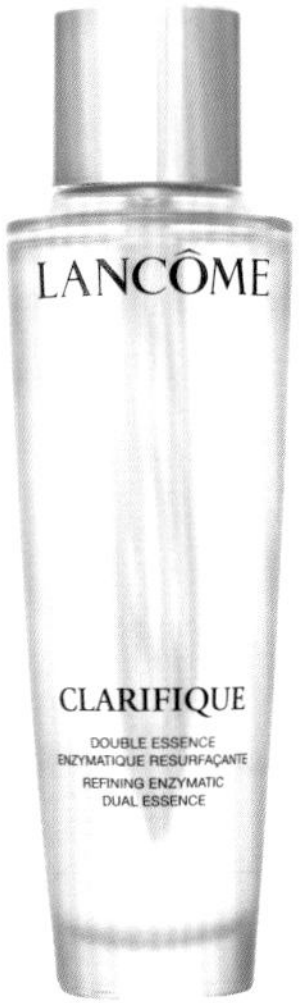

LANCÔME

化粧水

これ1本でしっかり潤う頼もしいローション

「シェイクしてから使う2層式のローション。オイルが入っているので、化粧水ですがかなり潤います。オイルを単品で投入するほどでもないな…という朝にぴったり！」ランコム クラリフィック デュアル エッセンス ローション 150ml ¥11,000

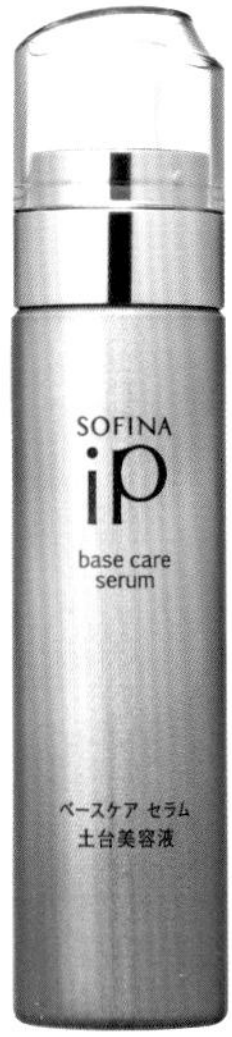

SOFINA iP

ブースター

炭酸のパチパチ泡が気持ちいいブースター

「洗顔後に秒でなじませるブースター。これはパチパチという炭酸泡が気持ちよくって効いている手応えがしっかりある。軽くなじませればスンと入っていく感じが好きです」花王 ソフィーナ iP ベースケアセラム〈土台美容液〉90g ¥5,000

LUNASOL

洗　顔

泡立てる手間いらずでつっぱらない！

「そのままくるくるなじませて洗い流すだけというお手軽さ。泡立てる手間がないのは助かるし、時短なだけじゃなくまったくつっぱらないのも◎。肌トーンも上がる気が」カネボウ化粧品 ルナソル スムージングジェルウォッシュ 150g ¥3,200

余裕がある
ときはこれ！

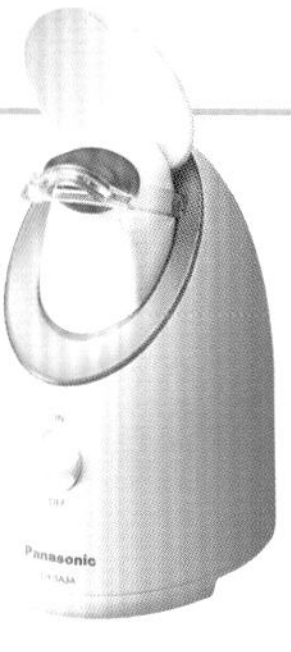

スチームを浴びて
肌をふかふかに柔らかく

「朝だけじゃなく夜も。時間と心に余裕があるときはスチーマーを。肌が柔らかくなるし、その後のケアの浸透力もアップ！」パナソニック スチーマーナノケア EH-SA3A ¥20,000(編集部調べ)

Finish!

clé de peau BEAUTÉ

UVクリーム

UVクリームで
朝のケアは完了！

「大好きすぎて5本くらいリピートしていると思います。UVとは思えない美容クリームのような使い心地はさすがクレポ。一日中乾燥しないし、肌がつやんと見える♡」クレ・ド・ポー ボーテ クレームUV［SPF50+・PA++++］50g ¥9,000

Embryolisse.

クリーム

寄り添う万能
クリームでフタをする

「乳液の後はクリームでさらにしっかり保湿。これはどんな肌状態のときでも刺激がなく、優しく寄り添ってくれる。万能で難しく考えずに塗れるから、ついつい手にとってしまいます」アンブリオリス モイスチャークリーム 75ml ¥2,800

clé de peau BEAUTÉ

乳　液

UVカット効果のある
日中専用の乳液

「紫外線をカットして、しっかり保湿もできる乳液はなかなかないので、これは貴重。のびもいいし、SPF値も25あるので、しばらくすっぴんで過ごすときも安心」クレ・ド・ポー ボーテ エマルションプロテクトゥリスn［医薬部外品］125ml ¥12,000

夜のスキンケア

完全に夜型人間なので、テンション低めの朝とは打って変わって、
夜はすこぶる元気♡　お手入れもふわふわ楽しくしています♪
お気に入りのアイテムをあれこれ塗り重ねていく作業は、まさに至福の時間。
“お手入れしてるぜ”という、自分いたわってる感を満喫しながら、一日を締めます。

Basic

Embryolisse.
Les HYDRATANTS
Lait-Crème
Concentré
Soin hydratant nutritif
multi-fonctions
GIVENCHY
RESSOURCE
Crème Fine Hydratante
Velvet Moisturizing Cream
Anti-Stress
sisley
PARIS
jour et nuit · day and night
PURE
SHOTS
NIGHT
REBOOT
SERUM
LANCÔME
-ADVANCED-
GÉNIFIQUE YEUX
LIGHT-PEARL™
CONCENTRÉ YEUX & CILS
EYE & LASH CONCENTRATE

「基本のラインナップはこんな感じ。
いろいろたくさん使って
コスメのフルコースを堪能します」

Start!

clé de peau BEAUTÉ

DECORTÉ

GUERLAIN

洗　顔

すっきりだけどつっぱらない。その塩梅が素晴らしい

「クレンジングの後は、泡洗顔でさっぱりさせたい派。これはすっきりするけれどつっぱらない、“クレポクオリティ”。泡立てネットを使って、もったり濃厚な泡を作るのがこだわり」クレ・ド・ポー ボーテ ムースネトワイアントA 125g ¥5,000

クレンジング

全体はクリームタイプのクレンジングを

「これめちゃくちゃいいんです。クレンジングなのに肌の潤いを奪うどころか、むしろ授けて帰ってくれる（笑）。余裕があるときはスチーマーをしながら使います」コスメデコルテ AQ ミリオリティ リペア クレンジングクリーム n 150g ¥10,000

ポイントメイクアップリムーバー

アイメイクやリップは専用のものでオフ

「WPのマスカラやティントリップなど、落ちにくいメイクをした日は専用のリムーバーを。これはスルンと落ちて、目にも肌にも優しい。ケチらずコットンにたっぷりとって使います」ゲラン アイ&リップ メイクアップ リムーバー 125ml ¥5,500

LANCÔME

目元用美容液

ひんやりしたアプリケーターが気持ちいい！

「もはや何本目でしょう…というレベルで超愛用。先端のアプリケーターでぐりぐりマッサージするように塗ると、純粋に気持ちよくてクセになります」ランコム ジェニフィック アドバンスト アイセラム ライトパール アイアンドラッシュ 20ml ¥9,000

ALBION

化粧水

化粧水は手で優しく重ねづけ

「厳選された植物成分を発酵させたという白濁の化粧水。保湿はもちろん、炎症を抑えてくれる効果もあるので、一日頑張って疲れた肌をねぎらう気持ちで、優しく丁寧に、手でなじませています」アルビオン フローラドリップ 160ml ¥13,000

clé de peau BEAUTÉ

ブースター

絶大な信頼を置く最愛のブースター

「ル セラム最高！ すべてのコスメでいちばん好きかもしれないほど愛しています。これを使うのと使わないのとでは、肌の輝きが格段に変わる！ 洗顔後はこれがないと始まりません」クレ・ド・ポー ボーテ ル・セラム［医薬部外品］50ml ¥25,000

「翌朝の自分のために…。ベッドに入る瞬間までが大切な美容タイム」

Embryolisse.

クリーム

朝晩通して必ず使う 唯一のクリーム

「朝に続いてまたまたアンブリオリスさんの登場（笑）。やっぱり基本のクリームはこれじゃなきゃダメなんです。これを使うと、『よし、しっかり保湿できたぞ』と安心します。もはや安定剤！」アンブリオリス モイスチャー クリーム 75ml ¥2,800

Sisley

乳 液

保湿に特化した 乳液界のレジェンド

「これもアンブリオリスに近い安心感。肌にしっかり入って潤うのにベタベタしない。時代を超えて愛される名品の威力を感じる一本です。シスレー独特のクラシカルで懐かしい香りも好き」シスレー エコロジカル コムパウンド 60ml ¥14,800

YVES SAINT LAURENT

美容液

肌がつるん！ パーン！とする美容液

「これは塗った翌朝すぐに肌変化を感じられる即効性がすごい。でも不思議と重くもない。ふと気づけばこれも2層式。最近2層式が好きなのかもしれません（笑）」イヴ・サンローラン・ボーテ ピュアショット ナイトセラム 30ml ¥10,500

Finish!

ESTĒE LAUDER

リップ美容液

寝る直前に塗って ぷるぷるリップに

「サラサラのオイルで、変な厚みや皮膜感がないので寝るときのケアに最適！ チップつきで手を汚さず塗れて、乾燥やごわつきも一晩で復活します」エスティ ローダー ピュア カラー エンヴィ ナイトタイム リップ オイル セラム ¥3,600

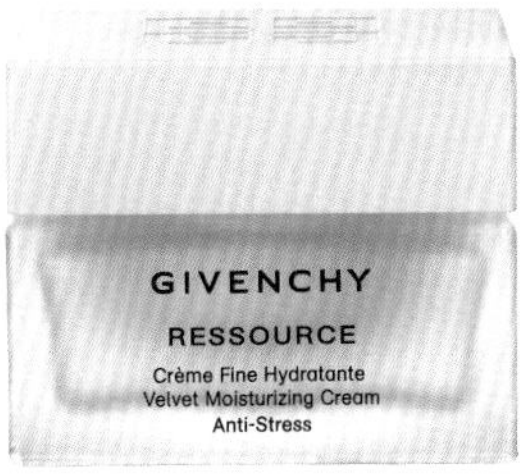

GIVENCHY

追いクリーム

しつこいくらいに ダメ押しの保湿

「極度の乾燥恐怖症なので、常に顔をベタベタにしていたい。寝る直前の追いクリームも毎日のルーティンです。グリーン系の安らぐ香りも、ベッドに入る前にちょうどいい」パルファム ジバンシイ イドラ リソース ベルベット 50ml ¥8,000 and More

トラブルや目的に合わせて、ケアをアレンジ

家にある膨大なコスメと向き合いながら、肌状態や翌日の予定、
気分によってアイテムをチェンジしたり、足し引きしたり…。
スキンケアのアレンジは、飽きずに楽しくケアするための工夫でもあります。

金粉に
アガる♡

SHIGETA

フレッシュな植物オイルに
24Kゴールドを贅沢に配合。
シゲタ プレシャスEXオイル
セラム 15ml ¥8,500

むくみ を感じたら…

マッサージで ゴリゴリ流す！

「お酒を飲んだり、ラーメンを食べたり、明日むくみそうだなと感じたら、オイルマッサージで先手のケア。目の周り、フェイスライン、首〜デコルテあたりを中心に。シゲタのオイルは、美しい金粉が肌になじんでいく様も楽しめます」

紫外線を浴びそう & 浴びた日 には…

ROHTO

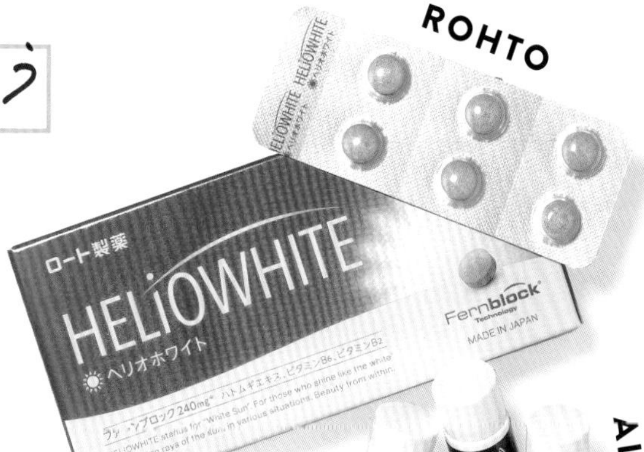

ALBION

サプリと集中美容液で Wのアプローチ！

「紫外線アレルギーなので、外にいる時間が長くなりそうなときは必ず前もって対策をします。美白美容液は前後2、3日間に集中して使用。サプリに関しては、もはや毎日。シミなどのトラブルが起きてからお金や時間をかけるよりいいはず、と信じて頑張っています」

上／植物から抽出した天然成分からなる飲むUVケア。ロート製薬 ヘリオホワイト 24粒 ¥2,400 下／有効成分×最新テクノロジーで明るい肌に導く。アルビオン エクシアAL ホワイトニング イマキュレートエッセンス MXC［医薬部外品］1.5ml×28個 ¥25,000

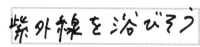

大事な撮影の前日は…

LANCÔME

DECORTÉ

ご褒美級マスクで スペシャルケア

「プチプラからデパコスまで、マスクはいろいろ使いますが、大事な予定の前夜にはご褒美級の贅沢マスクを奮発して使います。その効果はもちろん、使うことで、気合を入れる！ という美肌スイッチ的な役割もあります」

右／大人気美容液のシートマスク版。コスメデコルテ モイスチュア リポソーム マスク 20ml×6枚入り ¥7,200
左／プレ美容液とマスクのセット！ ランコム ジェニフィック アドバンストハイドロジェル デュアル メルティング マスク 7枚入りボックス ¥13,000

「ここぞという日は、唇だって完璧に整えたい！ これは、ぷるぷる超えの"ぷるんぷるん"になれちゃいます」LANEIGE リップスリーピング マスク（ベリー）／宇垣さん私物

クマが目立つ日は…

clé de peau BEAUTÉ

SUQQU

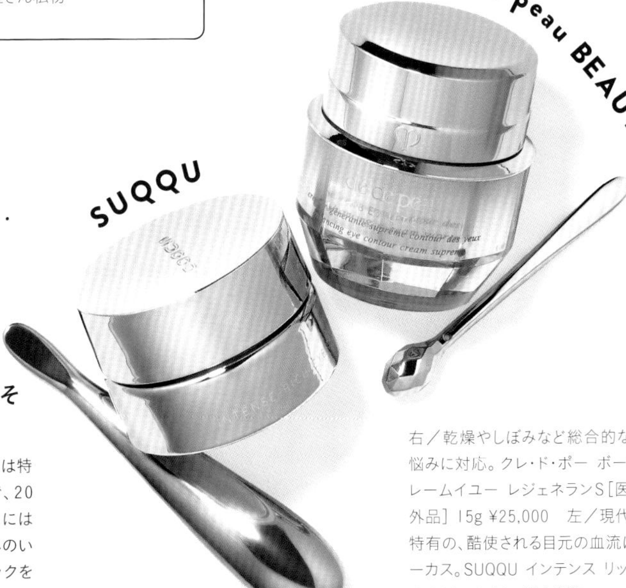

デリケートなパーツこそ 今からしっかり投資

「乾燥やむくみ、クマ…など、私は特に目に受難が現れやすいので、20代前半の頃からアイクリームには投資をしてきました。肌なじみのいいクレポとこっくり濃厚なスックを季節や気分で使い分けています」

右／乾燥やしぼみなど総合的な目元悩みに対応。クレ・ド・ポー ボーテ クレームイユー レジェネランS［医薬部外品］15g ¥25,000　左／現代女性特有の、酷使される目元の血流にフォーカス。SUQQU インテンス リッチ アイ クリーム 13g ¥18,000

睡眠不足で肌が瀕死

のときは…

GUERLAIN

多忙な会社員時代を
支えてくれた

2、3時間睡眠の日でも
これさえあれば！

「2時間睡眠でも、『8時間しっかり寝ました』みたいなふっくら肌に。潤いの蒸発をがっちり防いでくれるので、極度に乾燥している飛行機や海外のホテル滞在にも活躍。旅行のマストアイテムでもあります」

普段のお手入れにプラスすることで、睡眠不足からくる乾燥やくすみに働きかける。ゲラン ミッドナイト シークレット 15ml ¥4,500

毛穴が気になる

ときは…

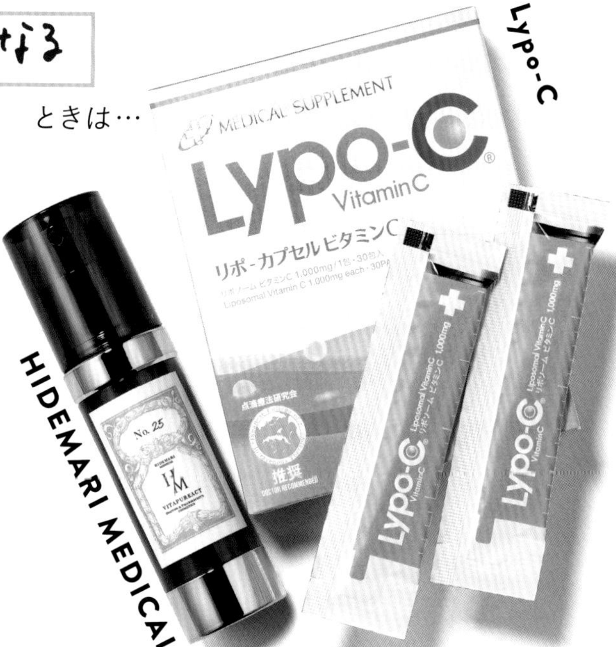

Lypo-C

HIDEMARI MEDICAL

外からも中からも
ビタミンCを大量摂取！

「ビタミンCはやっぱり最強説。サプリは美味しいとはいえないし、美容液はしみることもありますが、毛穴に対してちゃんと目に見える効果があるので、やめるのが怖い」

右／"飲む高濃度ビタミンC点滴"の異名をもつ次世代サプリ。スピック リポ カプセルビタミンC 30包入り ¥7,200　左／高濃度のビタミンCをカプセル化することで、より深く長く肌に作用。ひでまりメディカル ビタピュアクト（美容クリーム） 30ml ¥10,000

ごわつき を感じたら…

気になる部分だけを スクラブでくるくる

「“ごわっ”“ザラッ”という違和感を感じたら、即スクラブを投入。優しめ、ほどほど、ハードめなものをレベル別に揃えているので、ごわつき度に合わせて使い分け。全顔ではなく、鼻周りやあごなど部分的に使って、なるべく肌に負担をかけないように」

右／微粉砕されたクォーツと乳酸が古い角質を除去。イソップ ピュリファイング フェイシャル エクスフォリアント 75ml ¥5,300　左／肌への負担が少ない植物由来の天然スクラブ配合。アリエルトレーディング ファミュ フラワーインフューズド ファインピール 50g ¥4,000

FEMMUE

Aēsop

ALBION

肌が敏感に傾いた 日は…

安心して
肌を委ねられる

濃縮ハトムギエキス配合の薬用化粧水。アルビオン 薬用スキンコンディショナー エッセンシャル［医薬部外品］165ml ¥5,000

ひたすら肌に優しい 化粧水でコットンパック

「敏感になっているときに攻めのケアをすると肌が死んでしまうので、鎮静作用のあるスキコンを迷わず手にとります。匂いが好きすぎて、もはやかぐだけで肌や心が静まるような錯覚に。大ボトルで常備しています」

完全なる
独断と偏見です

THE 宇垣ベスコス！

ベスコス…もうその響きだけでテンションがアガります♡
年2回のベスコスシーズンは各美容誌を読み比べて、一人で答え合わせをするのが密かな楽しみ。
新しいものが次々と発売されるし、愛用アイテムはどれもこれも愛おしいし、
好きすぎるゆえに選出が難航を極めた今回の超私的ベスコス。
最終的には、“ずっと使っているもの”“必ず戻ってくるもの”を選びました！

洗顔＆クレンジング部門

Best 1位

すっきり、なのにつっぱらない！
その塩梅が絶妙なんです

カネボウ化粧品 ルナソル
スムージングジェルウォッシュ
150g ¥3,200

「泡立たないタイプの洗顔って肌に優しい反面、ちゃんと洗えているのかが不安になるのですが、これはそんな心配も杞憂。もっちりしたジェルをくるくるとなじませるだけで、すっきり洗えておまけにつっぱらない。前評判が高かったので、張り切って買いに行ったらまだ発売前で…。その日は試供品だけをもらって帰ったという、トホホな思い出も」

Best

1位

ブースター部門

超好き！ これさえ使っていればどうにかなるっ！

クレ・ド・ポー ボーテ
ル・セラム

［医薬部外品］ 50ml ¥25,000

「肌にのばすと秒で入って、明らかに輝きと柔らかさが変わる！ もう3、4本リピートしているし、次の子ももちろん待機しています。本当は朝晩使いたいけれど…、もったいなくて夜だけ使うっていう。これを一度使ったら、もう使わなかった頃には戻れなくて、『知りとうなかった…』と思うほど（笑）。はぁ…、いつか朝晩使えるようになりたいっ」

化粧水部門

新しめですが、私の中では
すでに重鎮のような存在感

Best
1位

ランコム
クラリフィック デュアル エッセンス ローション

150ml ¥11,000

「2020年前半のベスコスにもたくさん選ばれていたように、これはみんな好きだと思います。化粧水の概念を超える驚異の“しっとりみ”。2層になったエッセンスとオイルは、97:3の計算された配合バランスだというのも、オタク気質な私の心に刺さりまくり。振って使うのも楽しいし、それによってオイルの粒子も細かくなるから、変にベタベタもしないんです」

美容液部門

コスメデコルテ
ホワイトロジスト
ブライト コンセントレイト
[医薬部外品] 40ml ¥15,000

「美白美容液にありがちなカピッと感が一切なくて、のびもいいし、浸透するし、しっかり潤うので、毎日使いやすい！ 今年はあまり外に出なかったので、美白をがんばろうと色々試して、改めてこの名品の良さに気づきました。トーンアップするというか、透明感が上がって、結果白くなった気がします」

Best 1位

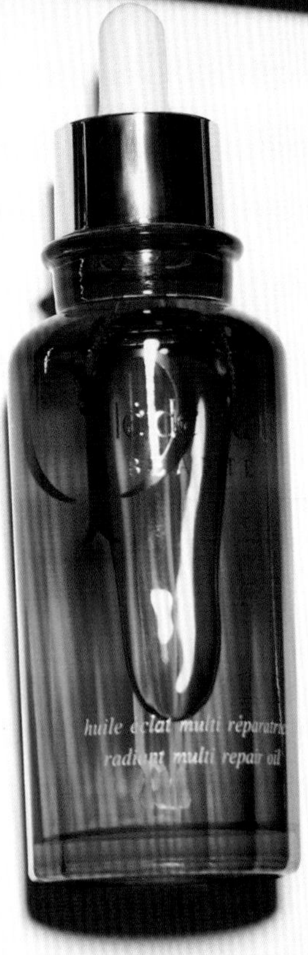

どこにでも使えて
1、2滴で恐ろしくのびます

クレ・ド・ポー ボーテ
ユイルレパラトゥリス
[医薬部外品] 75ml ¥14,000

「またまたクレポ様なのですが、やはりいいのです。基本は顔ですが、体やなんなら髪にまで使えるマルチっぷり。もちろんオイル美容液なので、保湿力も申し分なし。とにかく万能なので、荷物をできるだけ減らしたい海外旅行の定番でもあります。高級感があって、きれいなお姉さんの香りがします♡」

Best
1位

使いやすく続けやすい。
透明感が上がって、結果白くなる！

**アスレティア
コアバランス オイル**
50ml ¥5,500

「これはオイルとエッセンスが２層になった美容液。美容液としてはもちろん、ブースターとしても優秀で、ペッペッと塗るだけで溶ろけるようになじんで、むっちりしっとり。そしてもうひとつ、森のような香りが最高なんです。アスレティアはどれも香りが素晴らしくて、ほかのアイテムも超愛用しています」

Best
1位

使う直前に振って混ぜる
フレッシュな感じも好き

乳液部門

Best 1位

すっぴんでも肌がきれいな人
になれるところが素晴らしい♡

ディオール カプチュール トータル ドリームスキン ケア&パーフェクト

50ml ¥13,000

「塗ったその場で肌がきれいなる、すごい乳液。これを使えば、すっぴんでも『なんかすみません…』とならずに、臆面なくしゃべれる(笑)。"肌無敵"感が手に入ります。友だちと温泉に行ったりして、メイクする程でもないけれど肌をきれいに見せたいときにも活躍するし、潤うのに肌表面がサランッとするので、マスクとの相性もいいんです」

クリーム 部門

重すぎず、でも軽すぎない。
“クリームみ”が絶妙

Best

1位

アンブリオリス
モイスチャー クリーム

75ml ¥2,800

「2014年から使っているので、もはや何本使っているか不明。大量消費していることだけは確かです。デパコスの高級クリームみたいに劇的な肌効果があるとかではないのですが、どんなときも寄り添ってくれる。いわゆるクリームより柔らかくて、でも乳液よりコクがある、その“クリームみ”が唯一無二。教えてくれたメイクさんに感謝！」

その他
部門

Best
1位

日中の追い保湿が
これ1本で完了！ ありがたい！

パルファム ジバンシイ
ランタンポレル
ブロッサム クリーム ミスト
50ml ¥7,500

「これを出したいがために、その他部門を設けました(笑)。友だちのおすすめで使いはじめてから早3、4年。飛行機の中やすっぴんで仕事をしているとき…乾きを感じたら即出動。ミストって逆に乾燥するものが多い中、これはクリーム状なので、確実に潤う。もちろん香りもよくて、なんならこの香りを吸いたくて使っているところも！」

アイケア部門

Best 1位

これも超リピート！
確実に殿堂入りレベルです

ランコム ジェニフィック アドバンスト アイセラム ライトパール アイアンドラッシュ

20ml ¥9,000

「アイケアって面倒でハードルが高そうなイメージですが、これはフタにアプリケーターがついていて、そのままぐりぐりできるから簡単。しかも気持ちいいとくれば、そりゃ手がのびるってものです。目が大きくなるという噂もあって、大きくなったかは定かではありませんが、アイホールの彫りは生まれた気がします。あとまつげものびた気がする！」

Best 1位

リピート歴5年という歳月に
改めて自分でも驚き

リップケア部門

シュウ ウエムラ ディプシー ハイドラビリティ リップバーム

15g ¥2,000

「最初のきっかけは友だちからのプレゼント。使ってすぐ『なにこれいい！』ってなって、そこから鬼リピート。バームがしっかり唇をラッピングしてくれて潤い感がハンパない。しかも美味しいんです！ や、食べちゃいけないし、食べてないですよ！ でもきっとおいしいであろう、ほのかに甘い香りがする。いろいろ浮気しますが、結局これが好き」

BODY CARE《ボディケア》

体も極度の乾燥肌なので、毎日の保湿は必須。でも、顔に比べて
いかんせん範囲が広いので、いい感じにゆるく（笑）。ストイックにはしていません。
好みの香りやテクスチャーのもので、楽しみながらのケアが基本です。

A.「大好きで何度もリピート中。ボディのホワイトニングができるめずらしいタイプ。のびがすごく良くて、手早くサッサッサッと塗れるし、くすみが抜けるというか肌に透明感が出ます！」アルビオン ジュイール ホワイトニング ボディミルク［医薬部外品］300g ¥6,000

春／夏

軽めのテクスチャーと
サッと使えるポンプタイプで
ストレスフリーケア

C.「これも香りが好き。プレ保湿のような役割もあり、お風呂上がりの濡れている状態でワーッと塗りひろげて、タオルで軽く水分をとる。そしてその上からボディクリームを。これで潤いの土台を作っておくと肌の柔らかさが違います」uka ボディオイル ハグ 100ml ¥6,500

B.「甘くないローズの香りが最高。もう少し潤いが欲しいな、香りを楽しみたいな、というときの重ねづけにぴったりのボディミルク。これをつけた日はゴージャス気分で寝られます」オフィシーヌ・ユニヴェルセル・ビュリー レ・ヴィルジナル ローズ・ドゥ・ダマス 190ml ¥5,300

秋/冬

かゆくなるほど乾燥する冬は
テクスチャーも保湿力も
より濃厚なものにシフト

B.「これも好きすぎて幾度となく紹介してきました。定番中の定番ですが、やっぱり冬のボディクリームはこれなしに語れません。『素晴らしい香りをありがとうございます』と使うたびに思っています」ローラ メルシエ ホイップトボディクリーム アンバーバニラ 300g ¥6,000

A.「夏にはちょっと重いかなと感じるテクスチャーが、秋冬になると途端に恋しくなる。濃厚なオイルで、しっかり潤います。これも濡れた状態で全身をケアするのが定番。甘い香りも寒い時期にぴったり」ブルーベル・ジャパン ニュクス プロディジュー オイル 100ml ¥5,100

通年

スクラブやマッサージを定期的に取り入れて質感のいい肌を目指します

D.「疲れたなぁという日は、これを使って脚をメインにマッサージ。ジェルのような軽いクリームテクスチャーでスルスルのびるので、マッサージが楽ちんです。あとは、柑橘の香りで“燃やしてくれている”気がする！」シスレー セルリ ノーヴ 200ml ¥23,000

C.「週1、2回使うボディスクラブ。粒子が細かく肌に優しいのに、すべすべなめらかな肌になります。消しゴムみたいな安いチョコの香りじゃなく、高級なショコラの香りにもうっとり」コスメキッチン ジョヴァンニ シュガー ボディスクラブ 260g ¥2,600

一度使うと
やみつきに♡

自分の誕生日に自分で買った
今いちばんのお気に入り

「やりすぎると重くなる私の髪にちょうどいいしっとり具合。香りもいいんです」右／コスメキッチン ジョヴァンニ 2chic ラグジュリアスシャンプー 250ml ¥2,500　左／同 コンディショナー 250ml ¥2,500（WEBSTOREのみの取り扱い）

超特大ボトルを愛用中の
スタメン的シャンコン

HAIR CARE《ヘアケア》

髪質は芯のある“アルデンテの直毛”。
典型的な日本人の髪質だと思います。
比較的深刻なトラブルがないパーツなので、
シンプルなケアを心がけています。

「シャンプーのときはもちろん、ソファでくつろぐときにながらケアをしたり…と毎日大活躍中！これを使うと気持ちよすぎて、『私の頭皮凝ってたのね…』と軽く凹みます」MTG リファグレイス ヘッドスパ ¥29,800

「ヘアオイルの定番。紫外線を浴びた日や乾燥が気になる日に使っています」右／アイエスリンク エリップス スムース アンド シャイニー 左／同 ヘアトリートメント 各50粒入り 各¥1,800

素髪っぽいシンプルな
スタイリングに欠かせない

お手軽な使い切りカプセルは
旅行にも必ず持参するほど

見た目も
かわいい

「ワックスが苦手な私は、毎日これをスタイリング剤代わりに。ミルクが髪に潤いを与えて、質感が整う感じ。ベタつかず素髪っぽい仕上がりがお気に入り」uka マルチデイリーセラム 100g ¥3,000

BATH TIME《バスタイム》

お風呂大好き。たとえ睡眠時間を削ってでもしっかり入りたい派です。
ほぼ毎日スマホをもち込んだりして、ゆるゆるリラックス。
1時間入っていることはザラで、ぼーっとしていると2時間経っていることも！

**ポンと入れるだけで
即席の炭酸風呂に**

「無色無臭なので、お気に入りの入浴剤と合わせて使います。炭酸効果で芯から温まり、代謝がよくなる感じ。たっぷり汗をかきたいときに」TWO 薬用BARTH 中性重炭酸入浴剤［医薬部外品］30錠 ¥2,500

大好きな先輩に
いただいたのが
出会い

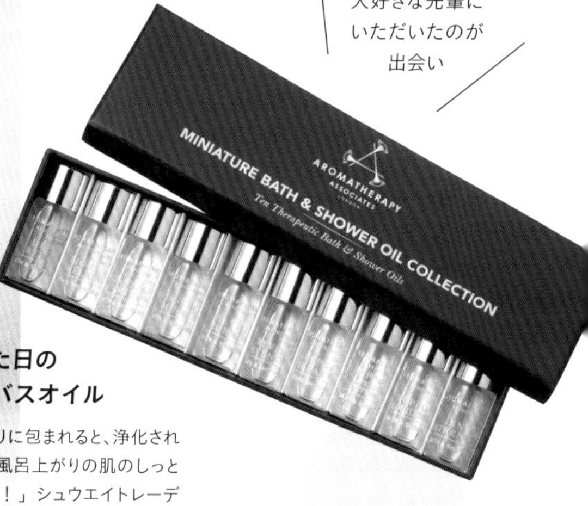

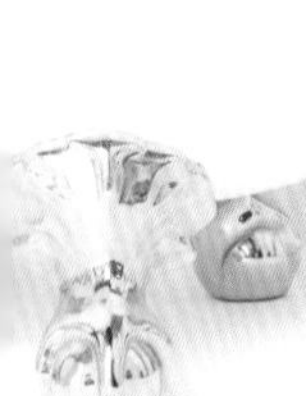

**頑張った日の
ご褒美バスオイル**

「芳しい香りに包まれると、浄化されるよう。お風呂上がりの肌のしっとり感も違う！」シュウエイトレーディング アロマセラピー アソシエイツ ミニチュア バスオイルコレクションN 3ml×10種 ¥6,000

小洒落た
大人の香り

非日常感を
味わえる香り

「気分を変えたいときにシュッとひと吹き。どこかタバコのようなクセのある香りに、ほっこりするというか。高級なところにいる感覚になれます」イソップ イストロス アロマティック ルームスプレー 100ml ¥5,500

まろやかで
ミルキーなお湯になる

「リラックスしたいときは、アロマティックハーブの安らぐ香りのアユーラを。入れた瞬間、きれいな乳白色に変化して、お湯の質感も柔らかくまろやかになります」アユーラ メディテーションバスt 300ml ¥2,000

ほげほげ〜

“お風呂は
一日のスイッチを
オフする時間でもあるんです”

Chapter #4

趣味の世界

コスメの他にも好きなことがいっぱい！
本、スイーツ、映画、料理、旅、
そして愛犬のてんぷらちゃん♡
宇垣美里が生きていくために必要なものたち
その一部をご紹介します。

Picasso
CHANEL
THE GRAND BUDAPEST HOTEL

活字中毒です…

“本を読むために生きている”のではないかと
思うくらい、本がない生活は考えられません。
子供の頃から、週末は家族で図書館に行くのが
習慣で、それからは本から離れたことがない生活に。

ALL私物！
大切な
本たち

何度も読み直している本たち。

小説、漫画、絵本など、週に2〜3冊読み倒す日々。読了した沢山の本の中から、
学生時代読んで考え方の基礎となった本や、美文に酔いしれた本から
本屋でジャケ買いした本まで、本好きにおすすめしたい作品をラインナップ！

**とにかく面白い！
元気が出るエッセイ**

「なんてことない日常も、岸本さんの独特な体温の文章で描かれるとこんなに面白くなるなんて！ 笑ったり、不思議な気持ちになったり、ゾッとしたり…もう岸本さんに夢中です」

岸本佐知子「ひみつのしつもん」

何度も
読み返したくなる
キシモトワールド

ヴィクトール・E・フランクル「夜と霧」

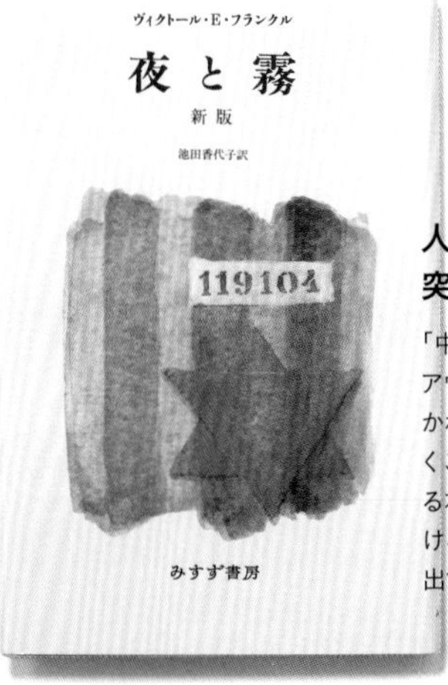

**人間がどういう生き物か
突きつけられる本**

「中学生のときに出会った一冊。アウシュビッツでの経験を軸に書かれ、人間が人間として生きていくことの本質を考えさせられる本です。人を殺すのも、人を助けるのも人間。大学生で新訳が出て、また買い直しました」

水城せとな「窮鼠はチーズの夢を見る」

**人生の節目節目で
読み返す、もはや経典**

「人間関係や人生に悩むたびに、自分の気持ちを振り返るために読む漫画。男にも女にもとにかく容赦なくて、無駄なセリフがひとつもない。生きていくことや、人を愛することって絶望に似ているな、とため息」

FAVORITE BOOKS

読めば絶対
旅に行きたくなる！

世界はこんなにも素敵な言葉で溢れている

「本屋で見つけて、ジャケ買いした大人の絵本。この国では“月の光”はこうやって表現するんだなどと、読んでいるとその素敵な言葉の国に行きたくなります。中のイラストもすっごくかわいい」

「翻訳できない 世界のことば」
エラ・フランシス・サンダース

「堕落論」
坂口安吾

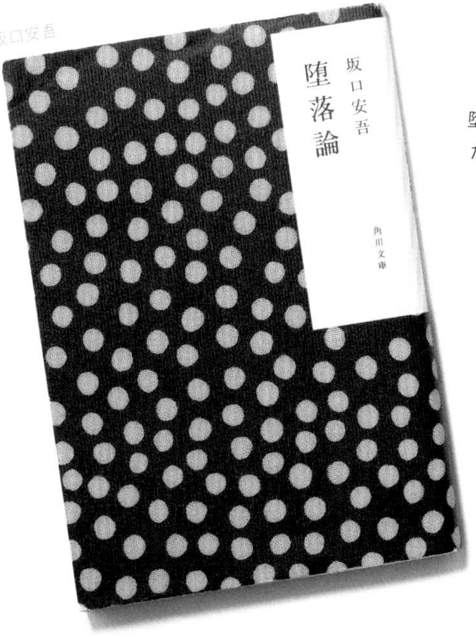

堕ちて堕ちて堕ちて…
だからこそ見えるもの

私の考え方、私の言葉を作ったバイブル的存在！

「人は人だから堕ちてゆくものだけど、堕ちきれるほど強くはない。その全ての自分を受け入れて、救いあげなきゃいけない！ぼんやり生きるのではなく、自分の考えを持ち、本質を見極める。そんな私の生きていく指針を作ってくれた本。私の強さはこの本にあり」

吉野朔実「恋愛的瞬間」

いろんな形の
恋愛がある♪

人間関係に悩んだら
答えはこの中に全部ある

「恋愛クリニックを舞台に人と人との関係をロジカルかつロマンティックに描いている漫画。言葉にできないモヤモヤに悩んでいるときに読むと、だいたいの症例が描いてあるので、絶対みんな読んだ方がいい！」

桜庭一樹「少女七竈と七人の可愛そうな大人」

“ファースト桜庭”
はこの作品！

高校生のときに出会い
東京に行くことを決めた

「桜庭さんの文体がとにかく好き。“性質が異質で共同体には向かない生まれのものは、ぜんぶ都会にまぎれてしまえばいい”というセリフに東京行きを決意した一冊」

FAVORITE BOOKS

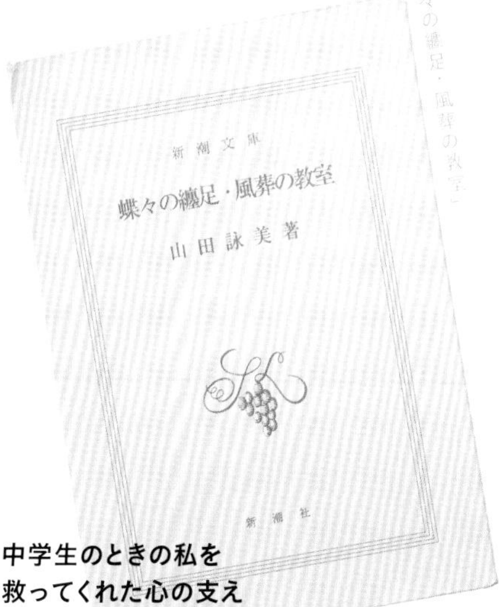

「蝶々の纏足・風葬の教室」
山田詠美

中学生のときの私を
救ってくれた心の支え

「つらいことがあっても、“心の中でお墓に埋める”という今の私のマイメロ論は、これが元。中学生のときから持っているのでカバーがどこかに… 。初めてサイン会でお会いしたときに号泣したほど、私を支えてくれた作家さん」

槙生ちゃんが
かっこよくて
共感！

「違国日記」
ヤマシタトモコ

漫画だけど純文学！？
と感じる美しい漫画

「ヤマシタさんの作品は、ほぼ全て読んでいるほどファン。人と人はどうしても分かり合えない部分があるけれど、時折そっと指先が触れ合う瞬間もある。そういう言葉にできない瞬間を丁寧に描き出している作品です」

「凍りのくじら」
辻村深月

居場所をみつける
ヒントをくれる本

「ドラえもんのひみつ道具がモチーフになっている作品で、辻村先生のドラ愛が伝わってくる作品。どこか所在なかった主人公が大切なもののために無我夢中に走り出すシーンで号泣。辻村作品の中でこれが一番好き」

スイーツはやめられない。

美容には気を遣うけれども、スイーツだって大好き♡
コンビニスイーツから、地元のスイーツ、ちょっと贅沢なスイーツまで
執筆中で疲れた時、撮影の合間に、いつもそばには心を満たす甘いものが♡

自分にご褒美♡
オレンジ×チョコって最強

「ジャン-シャルル・ロシューのオランジェットはご褒美チョコ。さくさくのアーモンドチョコで覆われたオレンジピールを口に入れると、もう至福。季節の生フルーツをチョコレートでコーティングしたタブレットもおいしい！」

「ORANGETTE」JEAN-CHARLES ROCHOUX

美容液のように
優雅な気持ちに
してくれる♡

「すッパイチュウ」森永製菓

もはや
主食です

食感がクセになる
なくてはならない存在

「大学生のときからハマっているお菓子でもはや主食。コンビニなどで見つけるたびに買って、いつもバッグに入っているほど。すっぱ甘い味と、食感がやみつきになるので、食べ始めると止まりません」

FAVORITE SWEETS

「カヌレ」Daniel

神戸に帰省した時 必ず買うカヌレ

「神戸の芦屋や大阪駅にお店があるダニエルのカヌレは、お土産にぴったり。しっとりもっちりしていて、こんなカヌレは他にない！ いろいろな味があるので、少しずつ食べていく楽しみも♪」

季節ごとに
変わる
フレーバー♪

ストレス発散は
甘いものに限る

パクパク食べられるから 締め切り直前の相棒！

「ヴィタメールのブラウニーは箱の中にざくざくと個包装されずに入っているので、やんちゃな気持ちでパクリ♪ しっとりとした生地にくるみが入っていて、食感が楽しい。執筆の締め切りが近くなるとついつい手が…」

「ブラウニー」

WITTAMER

「Rummy」ロッテ

LOTTE
冬季限定
Rummy
Rum Raisin Chocolate
ラムレーズンと生チョコをとじ込めました
洋酒使用 アルコール分3.7%
お酒が入っていますので、運転時などはご遠慮ください。写真は味のイメージです。

冬になると食べたくなる 本格派ラムレーズンチョコ

「ラムレーズンとチョコの組み合わせも好きで、毎年冬になった絶対に買うのがラミー。コンビニで買えるお手軽チョコなのに、洋酒が効いた大人の味でびっくり！ ホットミルクに溶かして飲むのもお気に入り」

ホッと温かい
気持ちに♡

I LOVE♥STORYS

物語が好き。

映画ももちろん大好き！ 週1本は必ず観るので、年間で50本も…!?
今まで観てきた中から、心に響いた4作品をご紹介！

『グラン・トリノ』

ラストで胸が熱くなる 究極の愛のカタチがここに

「どんな年でも人との触れ合いで、変化を受け入れられ、強くなれる。ラストシーンを観た時、どういう形であれ、自分を顧みず人を守れるようになりたいと心から思いました」 『グラン・トリノ』ブルーレイ¥2,619 発売元:ワーナー・ブラザース ホームエンターテイメント 販売元:NBC ユニバーサル・エンターテイメント) ©2009 Warner Bros. Entertainment Inc. All rights reserved.

『ブックスマート 卒業前夜のパーティーデビュー』

こんな親友がいたら最強になれる！

友だちに会いたくなる！ ガリ勉女子たちの青春譚

「勉強ばかりしてきた2人の女子高生が、勇気を出して壁を取っ払っていく姿にスカッとしました。2人の認め合っている関係性が最高！ あの頃を思い出して元気になる映画」 ©2019 ANNAPURNA PICTURES, LLC. All Rights Reserved. 配給／ロングライド

『タクシー運転手 約束は海を越えて』

韓国映画も好き♪

涙が止まらない… 普遍的な名作に出会う

「『パラサイト 半地下の家族』から韓国映画も観るように。真実を目の当たりにして命賭けで人々を救うために勇気ある一歩を踏み出す主人公の姿に何度も涙しました。」

『タクシー運転手 ～約束は海を越えて～』ブルーレイ ¥4,800 発売元:クロックワークス 販売元:TCエンタテインメント 提供:クロックワークス／博報堂DYミュージック&ピクチャーズ©2017 SHOWBOX AND THE LAMP. ALL RIGHTS RESERVED.

『マッドマックス 怒りのデス・ロード』

ビジュアルに、音楽に上がる！ 今ある環境で立ち上がれ！

「この世に楽園なんてないから、逃げ出さず、ここでちまみれになってでも戦わなきゃいけないと、自分を鼓舞してくれる作品です。シャーリーズ・セロンをはじめ、女性キャストがキレイでかっこいい♡」 『マッドマックス 怒りのデス・ロード』ブルーレイ¥2,619 発売元:ワーナー・ブラザース ホームエンターテイメント 販売元:NBC ユニバーサル・エンターテイメント ©2015 VILLAGE ROADSHOW FILMS (BVI) LIMITED

I LOVE♥COOKING

料理も好き。

食べるのが大好きだからこそ、そのとき食べたいものを作る！
メイクと同じで、作りたいもの（メイン）を決めてから、献立作りを。
一汁三菜のバランスにこだわって、週4〜5日はおうちで自炊。

がっつり炭水化物の日も

汁なし担々麺

「汁なし担々麺が好きなので、よく作るメニューです。たっぷりの肉味噌と半熟たまごが絡んで、とっても濃厚なお味に。ごまをたっぷり多めにかけるのが私流」

つくね4種ときのこと鶏の炊き込みご飯

「同じつくねの上に、チーズ、ごま、ネギ、大葉を乗せれば4つの味が楽しめる♪ 卵黄をつければ、さらに味変！ 炊き込みご飯は日本酒と水を半々で炊くのがポイント」

鯛の煮つけとじゃこご飯

「鯛がお買い得だった日、ちょうど妹が遊びに来ていたので、振る舞いました。京都で買ったじゃこもご飯にのせて。蓮根に辛子味噌を詰めたのもおいしくできました」

白身魚と豆腐のみぞれ餡かけ

「温かいものを食べるのが好きなので、餡かけもよく作ります。これは、白身魚と豆腐を揚げ焼きにして、とろとろの餡に絡ませました。体の芯から温まります」

器も好き♡

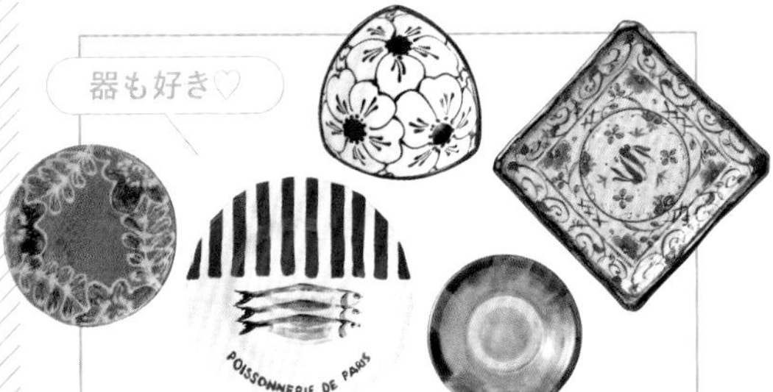

「以前は白い器一辺倒で“給食みたい”と言われてから、映える器を集めるように！ 京都、沖縄、イタリア、フィンランド、スペインと旅先で出会った器なども愛用しています」

冷蔵庫にあるものでささっと夕食

トマトの冷製パスタ

「いつも温かいものを食べるようにしていますが、暑い日は冷製パスタも。冷蔵庫内一掃のためキュウリ、トマト、パクチーの和えたものを豆腐にのせて、冷蔵庫の中もすっきり」

てんぷらに夢中♥

2020年から飼い始めたチワワとプードルのミックス犬「チワプー」。
お名前はてんぷらちゃん(♀／通称:てんちゃん)。初めての撮影でもお行儀よく！
愛おしくてしょうがない存在に、思わず宇垣ママも笑顔がこぼれます。

名前の由来は
揚げ衣カラー
だから♡

てんちゃんが
いるから
もっと頑張らないと
かわいいな〜♡

私のママ
しつけに
厳しいの…

これからも
一緒に
遊んでね♪

旅は日常…

私にとって旅は特別なものではありません。
ライフワークの中のひとつであり、生きがい。
だから定期的にどこかに出かけていきます。
いつもと違う場所で、違う人と出会って、
日常の中の変化が無いと生きていけない。

I LOVE♥TRAVEL

歴史を感じる 教会や建築を見る

「人が築いてきた建物を見ると、なんだか安心したり、心が落ち着いたり。じっくりゆっくり見て回るのが好きです。特に荘厳さや静けさのある教会は、海外に行くときは必ず立ち寄ります」

孤独だけれども 自由な一人旅を

「一人旅が好きです。カフェや教会で1時間ぼーっとしていることも。孤独ではあるけれど、どこまでも自由で好きなだけのんびり」

地元民のように
馴染んで
街歩き♪

同じところにいること
繰り返すことが苦手

「旅に行くのは、ずっと同じ場所にいられないから。外に出て、様々な違うことを日常でちょこちょこ取り入れて、自分の中の考えや表現の引き出しを増やさないと、行き詰まってしまいます」

I LOVE♥TRAVEL

悩みなんてちっぽけ！
海の広さも大好き

「海に行くのも好き。限りなく広くて大きい存在に、心がアガるし、落ち着きます。スキューバダイビングで海に潜ることもしばしば。きれいな海の中で、かわいいお魚を見るのも楽しい♪」

う〜ん
デトックス…

自分をみつめる
振り返る時間

「今までで行った国は16、17カ国くらい。仕事はもちろん、プライベートでも毎年必ず海外には行っています。誰も知らない国で、自分だけの時間。だれでもない旅人になることで気持ちがリフレッシュされ、また毎日を頑張れます」

行く先々で買ってしまうもの…

やっぱりコスメ♡

海外でコスメを買うのも大好き♡ その国でしか手に入らないブランドや、
日本では発売されていないシリーズや香りなど、自分で調べて、探して購入！
使用して良かったものは、また行ったときにリピート。

私の好きな国

フィンランド

「静か！ 雪が積もっていた季節に行ったのですが、寒さで街が澄んでいて雪が音を吸った静謐な美しさが好きでした」

スペイン

「明るくて、原色が溢れていて、パワフル。建物も迫力があって、見ていて元気になれる国です。ご飯も美味しい！」

ドイツ

「真面目で、緻密な雰囲気が漂っていて居心地が良く。まだまだ見たいところがたくさんあってもっと行きたいと思える国」

Chapter #5

宇垣的精神論

こだわりが強くて、自我も強い。

なんでも追求したくなって、突き進む。

同じところにずっととどまってなんていたくない。

だからこそ、毎日ハッピーなんです。

宇垣美里が今、思うこと。

宇垣美里の年表

神戸、京都、東京で歩んできた人生は
そこだったからこそ得られたもの

1991年

NEW♥BORN

4月16日誕生

神戸で生まれました。
すでにしっかり眉毛！

'93年

2歳

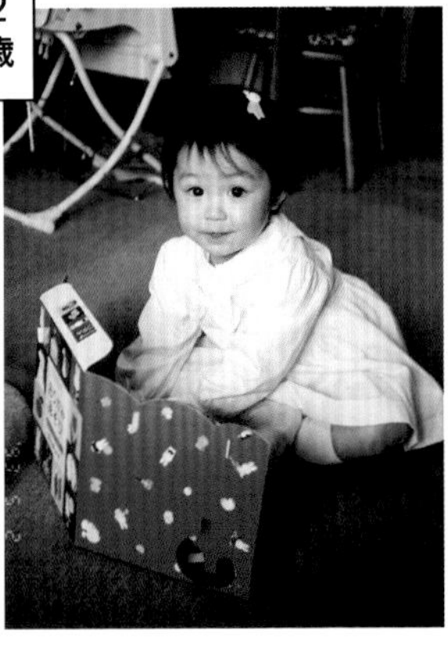

もうこの頃から本に夢中！
妹も誕生し、お姉さんに。

'96年

5歳

神戸と言えばの
かわいいお洋服を着て♪

妹といつも
一緒♪

'04年

中学生

BRASS♥BAND

おさげが
恥ずかしい…

吹奏楽部でサックスを
もちろん化粧っけなし。

'07年

高校生

勉強に部活に文化祭実行員と
毎日忙しい日々…
大好きな親友たちとの出会いも。

20代ラストに大好きなコスメ愛を
まとめた1冊が完成！

初美容本発売

'20年

COLLEGE♥STUDENT

甘い物
大好き♡

大学生

報道記者を目指して、
同志社大学に入学。
化粧も濃いめ。

'10年

NOW!

本や映画の書評の仕事や
美容誌でのモデルをこなす。
美容誌『美的』では登場すると
いつも読者ランキングNo.1に！

'19年

TBS退社して
フリーに

ポーズも
研究中！

'14年

TBS入社
アナウンサーに！

局のアナウンサーとして
早朝から番組に出演。
忙しいからこそ、さらにコスメ愛が加速…

美容オタク――とことん知りたい、試したい

　とにかく登校するギリギリまで寝ていたかった私。メイクやコスメになんてまったく興味がありませんでした。けれど大学の入学式で周りがみんなメイクしていることに恐れ慄き、慌てて駆け込んだデパートのコスメカウンターで初めてジルスチュアートのピンクのアイシャドウを買ってから、あっという間にメイクの虜に。一度ハマってしまうと、どんどん調べたく、集めたくなってしまうオタク気質なので、今や立派な美容フリークです。

　気になったものはいち早くチェックしなくっちゃ！　と、カウンターへ発色や質感を見にいったり、仕事でお会いするメイクさんや編集者さんに教えてもらったり。できるだけ厳選してコスメを購入しているつもりなのですが…思わずキュンとしちゃうものが多いせいか、収集したコスメの数は自分でも考えたくないくらい……。新しく優秀なコスメに出会ってしまうと、どんなに似たようなものを持っていたとしても、これはゲットしなくちゃ！　とスイッチが入ってしまいます。だって絶妙に今まで持っていたものとは違うんだもの。毎回新作が発表されるとワクワクするし、旅先ではその土地ならではのコスメに思わず指を伸ばす。持ってないわけじゃないのに、もう癖に近い。そうわかっていても、新しいコスメに出会ったり、良いものを見つけたりしたときの心のトキメキにはいつだってひれ伏してしまう。ああ、贅沢って味方。

ここで私が買わなきゃ誰が買う！　私にとって美容はしなくちゃいけないものではなく、自分をアゲてくれるお愉しみ、自分をいい子いい子してあげる、ある種心の支えなんです。

コスメでスキンケアとメイクのどっちが好きかと言われたら、断然メイクが好き。自分の好きな服を着て、お気に入りのメイクをしている時って心の底から「よし！今日も私は最高！戦闘開始！」って思えるから。毎日メイクするときは、自らの顔面をキャンバスに見立て、〝この組み合わせにしたらどうかな〟とか、〝ここにこの色を持ってきたら綺麗かな〟とか、子どもの頃したお絵かきのように、純粋に楽しむことができるんです。

今回たくさんのヘアメイクさんとご一緒させていただき、モデルは私一人なのに、一度として同じメイク方法、同じ仕上がりがなくて、まだ知らない自分の顔がこんなにもあったなんて！と毎回新鮮でした。メイクしてもらっている間中、その技を研究しようとじいっと見つめて、ヘアメイクさんをどぎまぎさせてしまったくらい。

また、本書でセルフメイクの提案もしてみました。ひとつ主役を決めて、そのコスメが引き立つようなメイクを、あーでもないこーでもないとみんなで相談する時間は、私にとってたまらない至福の時でした。はぁ～これからも次々に出現するであろう新作コスメたちを、全部全部試したいのに、どうして私の顔はひとつしかないんだろう。足りないです。

こだわりの強さは生まれつき

幼いころから、自我がはっきりしていたようです。納得できてないことにはなかなか頷けない、こだわりの強い性格だったので、今も両親は「この子は言っても聞かないから、好きなようにさせておこう」と、半ば諦めてほっといてくれています。

常に生き急いでいるかのように、何かやらないと、できることをできるときにしておかないと、と前傾姿勢で生きる姿は、ともすれば少し滑稽にうつるかもしれない。けれどそんな自分が、決して嫌いではありません。だからこそ、コスメを選ぶにしても、ただなんとなく手に取ったから使う、というのではなく、たくさんの中から吟味して選び取ったものを納得して使いたい。ストーリーのないテンプレートなメイクなんて、味気なくってやりきれない。もしかしたら、私のコスメ愛は我の強さから来ているのかもしれません。なんとなく習慣のようにずっと同じものを使うのではなく、常にこだわりをもって新しいものの情報に耳を傾け、意識をアップデートすることを心がけています。

私のマスカラはみどり

学生時代、文章を書くことが好きで、記者のような報道関係の仕事をしたいと思っていました。アナウンサーになったのは、ミスキャンで知り合った先輩に勧められ、テレビ局のセミナーに参加したことがきっかけ。アナウンサーという仕事は、記事を書いた人や映像を作った人たち、みんなで作り上げた情報を視聴者に伝える報道のアンカー（伝える人）という責任のある役割だと聞いて、やってみたい！　と思うようになりました。ダメ元でも、と受けてみたら運よく拾ってもらい、今に至ります。

入社当初は朝の情報番組を担当していて、とにかく出勤時間が早い。かといって、寝る時間は仕事によって日々バラバラ。不規則な生活や理不尽なこともある中で、私を支えてくれたひとつがコスメやスキンケアでした。

どんなに辛いことがあっても下を向くことができない仕事。テレビの中の自分と生身の自分とのギャップに苦しむこともありました。そんな中、自分を支えるために選ぶコスメアイテムは、みどりのマスカラやボルドーのアイライナーなど、ささやかだけど、ちょっとエッジのきいたものたち。もちろん画面越しでその小さな変化に気づく人はなかなかいません。ただ、「私のマスカラはみどりだもん」と、こだわりのメイクで武装することで、何度となく救われた自分がいました。

また、肌のコンディションがよくないと、自分に自信が持てなくて、気分まで落ちてしまいます。頑張った1日のご褒美に、至福のスキンケアタイムは必須。朝起きて、肌がぷるんといい感じだと、また今日もがんばろう♪って踏ん張る力が湧いてくるんです。

スケジュール的にかなりハードだったあの頃を、それでも元気に駆け抜けることができたのは、同期や先輩、上司といった理解し支えてくれる方々がいてくれたからこそ。皆がそれぞれに個性的で自分の道を突き進んでいる姿に、いつだって勇気をもらえ、私自身も自分らしく、のびのびと仕事をすることができました。

特に大きく私を成長させてくれたのは、ラジオでのお仕事。テレビの仕事ではなかなかない、自分の言葉で伝える経験を積めたこと、そしてより近い距離にいてくれるリスナーの皆さんに伝えることを意識して話す、ということは、私にとってとても大きな経験でした。ありのままを受け入れてくれるホームのような場所で、今でもラジオのお仕事は私にとって大事にしているお仕事のひとつです。

メイクも仕事ももっともっと、を求めて

２０１９年３月末に、新卒のころから働いていたテレビ局を退社しました。１年目からついていた朝の番組を卒業し、コラムの連載やバラエティ、モデルやグラビアの仕事もいただき、仕事の幅が広がっていったなかで、もっと色々なことに挑戦してみたい、より広い場所に飛び出て見える景色はどんなものなのか知りたい、と思う気持ちを止められなくなったことがきっかけ。上手くいくかどうかは分からないけれど、何年か経って振り返った時に、あの時、決断しなかった自分、ださかったな、と思ってしまうことが一番怖かった。

仲間の待つ帰る場所がない、ということに時々寂しさは覚えるけれど、毎日違う場所に行って、違う人と仕事する今の生活が楽しくてしかたありません。同じところで同じことをし続けるのが苦手な私にとって、フリーランスのスタイルはぴったりだったみたいです。

会社員だったころは、スケジュール管理やスタッフさんとの連絡は全部自分でやっていました。メイクもセルフメイクがほとんど。細かい事務作業が苦手で、すぐに考え事で頭がぱんぱんになってしまうので、冷静に助言をくれて、一緒により良い道を考えて悩んでくれるマネージャーさんには感謝しきりです。

ニュースを読んでいた時には、ノイズになってしまいそうで選べなかったメイクも、フリーの今なら選べること、そして美容誌の仕事で毎月のようにメイクの最先端に触れられることは、オタク冥利に尽きる！なんて役得。個人的な質問ばかりしていて本当にいいのかしら？なんて思うことも。

現場で最新のコスメがずらりと並んでいる様をみると、毎度うっとりと甘い溜息をついてしまいます。ついつい自分で購入するための品番を控えちゃったりして、なかなかその場から離れられません。撮影はもちろん楽しいけれど、その前にメイクをしてもらいながらメイクさんのお気に入りのコスメの話を根掘り葉掘り聞いている時間がとにかく楽しくて…！　ありがたい！

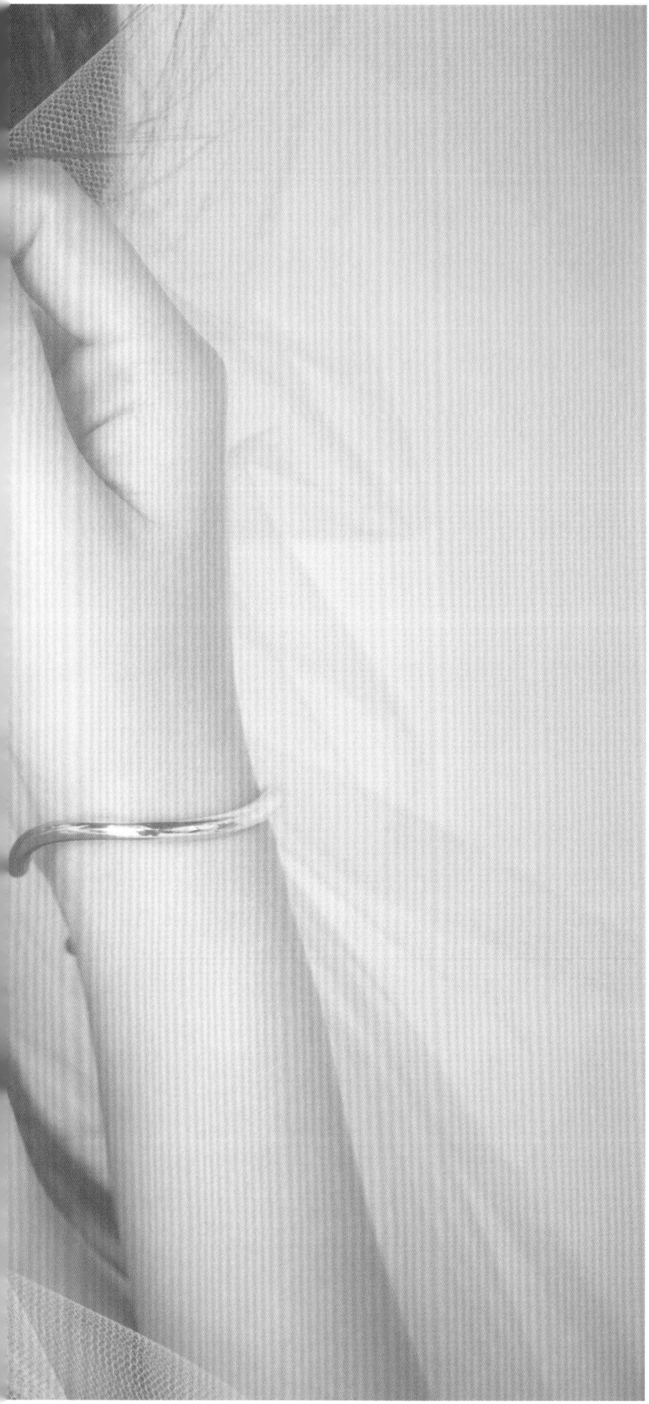

自分らしく！　でもそれはひとつじゃない

メンタルが強い、と言っていただくたびに、そうかなあ？　と首をかしげてしまいます。とっても繊細なのに……。ただ、自分に対する評価基準に他人からどう見えるか、というものをあまり入れ込んでいないので、そう思われるのかもしれません。その選択で自分を誇らしく思えるかどうか、後からあの時の自分、好きになれない、なんて思わないように、いつだって自分の思う一等素敵な人ならどう振舞うかを想像して、決めるようにしています。そうすればどんな辛い時だって、背筋を伸ばしていられるから。

たまに、私の一部分だけを見た意見や、自分で選ぶことのできない性別や年齢に対する古臭い考えに辟易し、凹んでしまう事もあるけれど、「色々な考え方の人がいるもんだな」とぼんやり受け止めて、忘れることにしています。私の限りある脳の容量は、かわいいコスメや美味しいチョコレート、旅先で見た美しい景色のためにとっておきたいから。

テレビで知ってくれた人、ラジオで聞いてくれた人、コラムを読んでくれた人、それぞれの抱く〝私らしさ〟はきっと三者三様で、でもそれでいいんじゃないかと思っています。そもそも、自分らしさはひとつじゃない。仕事をしているとき、友人と会っているとき、恋人とデートしているとき、家でひとりでくつろいでいるとき、それぞれに見せる違う顔があって、違う自分がいる。そんな相対的に変化する自分を楽しんで受け入れることが、ひとつのライフハックなんじゃないかな、と。

それはメイクも同じこと。いつもいつも同じメイク、同じヘアで、自分はこういうのが似合う！と決めつけてしまうなんて、もったいなさすぎる！　天邪鬼なのか、〝宇垣さんってこうだよね〟ってカテゴライズされるのが苦手。せっかくこんなにも世の中にはコスメが溢れているんですもの、毎回違う顔、違う自分になってみたくなるんです。仕事のときはかっちりした自分、友達と会うときはハジけた自分。メイクを変えるだけで違う自分に変身できるなんて、まるで魔法みたい。本当にコスメって偉大な存在です。

コスメももちろん、本、映画、スイーツ、舞台、そして、愛犬・てんぷらなど、好きなものがあまりにも多くて、落ち込む暇がない…。自分が何が好きで、幸せになるためのトリガーが何かを常々把握しておくことが、ご機嫌に生きるためのコツ、なのかもしれません。

一人の時間も、人といる時間も好き

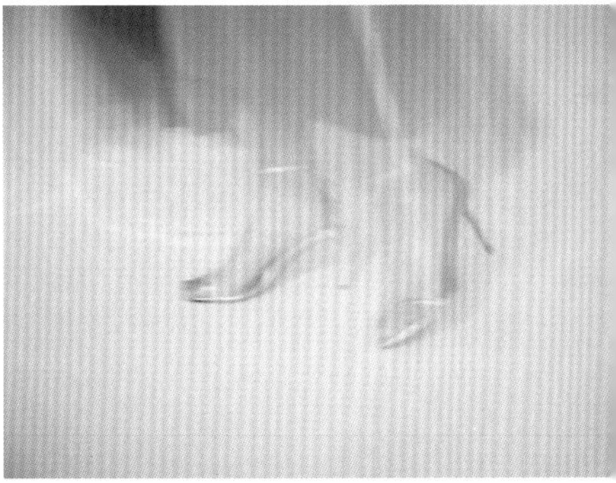

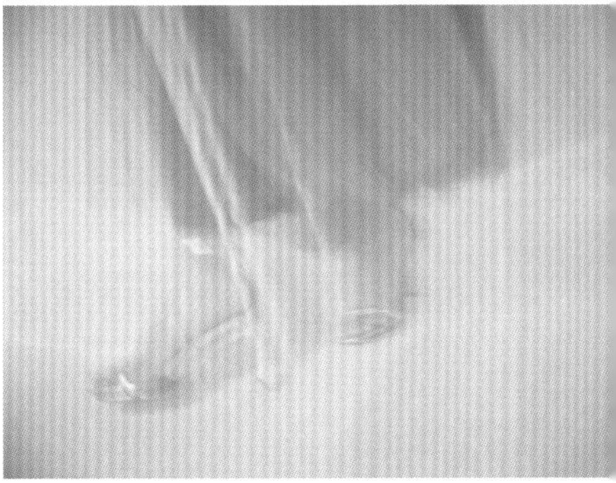

本や一人旅など、一人で何かにどっぷり浸かる行為は、私にとって生きていく上でなくてはならないものですが、もうひとつ、私にとって大切なのが、信頼できる人たちと過ごす時間。

今でも毎月のように笑って、季節ごとに旅行に行くほど仲がいいのは、高校生時代の多感な時期に出会った友人たち。類は友を呼ぶのでしょうか、とにかく我も強く芯のある親友たちが、私にとってかけがえない存在。テレビに出ている人、ではなく、何者でもなかったころの〝宇垣美里〟そのままに扱ってくれるからこそ、私も丸腰の心でいられるのだと思います。

と、かっこよく言ってみましたが、結局もう15年近い付き合いなので、ひとつひとつの説明がいらないから楽！ 今更相手をジャッジしようとも思わない、ありのままを受け入れる関係だから、悩んだ時や立ち止まった時に、そばにいてくれるだけでありがたいんです。

もちろん、美容情報もしょっちゅう交換しています！ 私以上にコスメ好きの友人や、タフに働いている友人の肌を支えているコスメの情報が外れることはまず、ない。また欲しくなって、どんどんコスメが増えていく日々…。でもそのコミュニケーションが楽しい！

そしてもうひとつの大切な存在が妹です。趣味やタイプはまるで違う姉妹なのですが、根本のところは似ていて、年子だからか、まるで友達のような関係。同じ時代に生まれ、家族という一番小さい社会を共に生き抜いてきた戦友、とでもいうのでしょうか。妹はコスメに詳しいわけではないので、これなら似合うんじゃないかなあ？ これ喜ぶかなあ？ とか考えながら嬉々としてプレゼントするコスメを選んでいます。

生まれてからずっと一緒だからこそ私の面倒な部分も嫌というほど理解しているだろうに、いつだって大事に思ってくれて、応援してくれて、認めてくれる人がいるからこそ、私は揺らがず私らしくいられるのでしょう。

恋もとことん追求…

恋愛は、何故だかいつもひと目ぼれから始まります。出会った瞬間に「きっとこの人と付き合うんだろうなあ……」と感じた人と、結局恋に落ちることになる。なんでだろう。独自の世界観や自分の意志をもっている人が好きなのですが、私も意志が強くてなかなか意見を曲げないので、ときどき戦争が起きて…。大人なんだからそろそろ落ち着きたいところです。

30歳に近づくにつれて、結婚の質問をされることが多くなりました。一生一緒にいたいと思えるような人と共に生きていくと決意することは、とても素敵だと思うけれど、結婚という形をとることが必ずしも必要だとは思っていません。異性である必要も、恋愛関係である必要もないと思っています。子どももいたら楽しそうだけど、マストじゃない。幸せの形はきっと人の数だけあるんじゃないかなあ。

宇垣美里のこれから

まだ知らないものを摂取して、新しい価値観に触れて、見たことのない景色を手に入れる。そうやって自分の中の引き出しをいっぱいにすることが、私の人生の目標、なのかもしれません。ここではないどこか、経験したこともない新しいことがこの世にはたくさんあるから、せめて両手で抱えきれる分くらいは全部手に入れたい。２０２０年は初めてアニメ声優の仕事にチャレンジしました。声だけでキャラクターを演じる経験は、引き出しがひとつ増えたようで嬉しい反面、とても難しくて悔しい思いもしました。フリーになって、より増えた執筆の仕事はやっぱり大好き。毎回自分の限界を感じて絶望しながら、それでも、書き続けて表現の幅を広げることで、もっともっとたくさんのことを言語化していきたい。

もちろん、尽きないコスメ愛ももっと伝えていきたいです！　自分のコスメについての想いを、たくさんの人の手を借りて１冊にまとめたことで、改めて私ってこんなにコスメって好きだったんだなと、考えさせられました。だからこそ、これからもいろんなメイクに挑戦して違う自分を見つけてみたいし、その過程で出会ったコスメをたくさんの人にお勧めしたい。やりたいことは尽きないです。

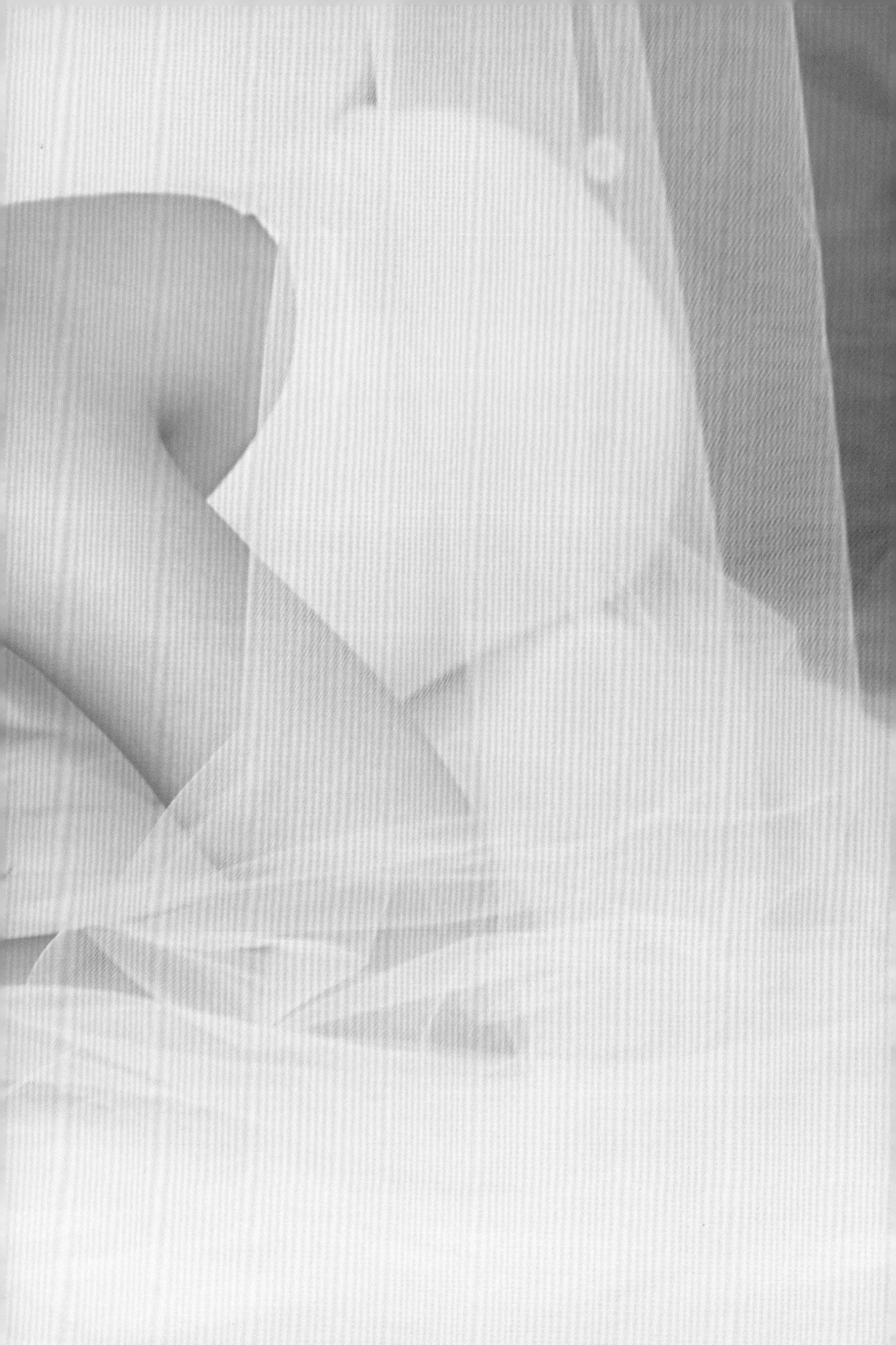

終わりに…

ただ〝好き〟という気持ちをぎゅうぎゅうに詰めて出来上がった本です。

読んでくださった貴方がメイクを好きでも、そうじゃなくても
いつもとは違う自分に変身するのって楽しそうだな、
って感じてくれたらそれ以上に嬉しいことはありません。

私たちはどこにだって行けるし、何にだってなれる。

それは大きな救いだと思うのです。

生きているだけで十分偉い私たちが、
もっともっと自分のことを好きになれますように。

この本を作り上げるにあたり、お世話になった全ての方へ
愛と感謝を込めて

宇垣美里

本ができるまで

2019年11月にオファーされてから、
1年越しで発売した『宇垣美里のコスメ愛』。
こだわって作った1冊の裏側を届け！

START!

1

打ち合わせスタート

2020年3月から本格的に企画がスタート
編集担当から企画を相談され、
需要があるのかと初めは戸惑いも…

2

メイクに合わせて
ポーズも変えて！

撮影、撮影、撮影の日々

メイクページが多い本書では、
1日8体のメイクや衣装をチェンジすることも。
長時間に渡る撮影でもコスメ選びは楽しい♪

たくさんあって
選べない…

3

写真、用紙選びも！

膨大な数の写真の中から決定するのは大変。
見すぎてどれがいいのか、スタッフも含め悩みまくる…
用紙も選んで、だんだんとやってやろうという気が！

4

長崎・五島列島でのロケ

旅を語るシーンの撮影で、長崎へ。
初日はあいにくの雨でしたが、翌日はなんとか止み。
寒い中、薄手の白ワンピでの撮影。
完成した写真はまさかこんな天気だったとは…と
思うくらい素敵なカットに。

風が強くて
寒い…

てんちゃん
こっち向いて！

5 表紙＆てんぷらちゃんと初撮影♡

愛犬・てんぷらちゃんとの撮影は、本書が初めて！
表紙撮影と一緒の日だったのですが、とってもお行儀よく。
静かに撮影を見守ってくれました。

表紙は実は
寝ながら撮影

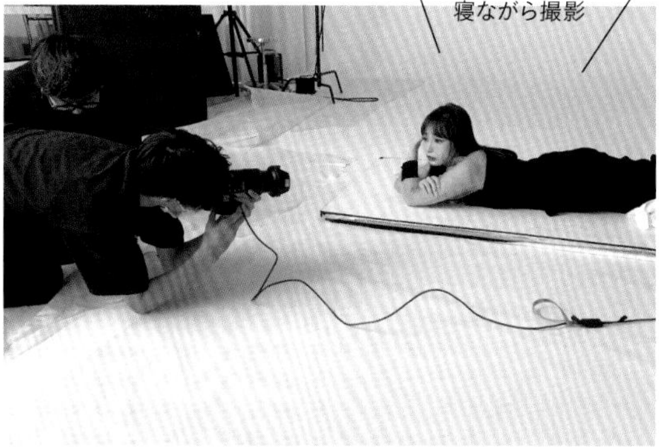

FINISH!

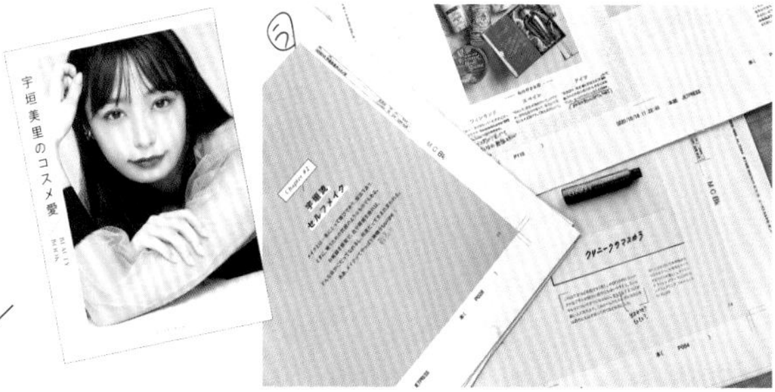

完成！

6

校了紙もCHECK！

最終局面。
原稿をチェックして
赤入れも！

衣装クレジット

表紙
チュールトップス／アメリヴィンテージ〈アメリ〉
パールイヤカフ／カドー伊勢丹新宿店〈カドー〉
ゴールドイヤカフ／KNOWHOW jewelry〈KNOWHOW〉

P2
ワンピース／フィルム〈ソブ.〉

P10～15
ラメニット／SANYO SHOKAI カスタマーサポート
〈キャストコロン〉
イヤリング／エレメントルール カスタマーサービス
〈パティエラ〉
リング／ステラハリウッド

P16～21
キャミワンピース／キッズコースター〈ベルパー〉
イヤリング／Hooves〈IRIS 47〉
ネックレス／エレメントルール カスタマーサービス
〈パティエラ〉
リング／ステラハリウッド
インナー（スタイリスト私物）

P22～27
ワンピース／スメラルダ
リング／e.m.表参道店〈イー・エム〉

P30～31
ジャンプスーツ／ラブレス青山〈ラブレス〉
ネックレス、バングル／エレメントルール
カスタマーサービス〈パティエラ〉

P32～35
ニット、パンツ／アメリヴィンテージ〈アメリ〉
イヤリング／セシル・エ・ジャンヌ
サンダル（スタイリスト私物）

P36～39
デニムジャケット、パンツ／KURO GINZA〈KURO〉
ネックレス／エナソルーナ
靴／ランダ

P40～43
ニット、トップス、スカート／
スタニングルアー 新宿店〈スタニングルアー〉
イヤリング、リング／Hooves〈IRIS 47〉
ブーツ／ダイアナ 銀座本店〈ダイアナ〉

P44～47
ワンピース／アメリヴィンテージ〈アメリ〉
イヤリング、リング／ジュエッテ
靴／ホールバイセレナテラ〈セレナテラ〉

P48～51
ニット、スカート／エレンディーク
イヤリング／ココシュニック
靴／ダイアナ 銀座本店〈ダイアナ〉

P78
トップス／SNIDEL ルミネ新宿2店〈SNIDEL〉
ネックレス／ジュエッテ

P97
シャツ／LIFE's 代官山店〈TODAYFUL〉
デニム／ジャパン ブルー ジーンズ 児島店
〈アーヴィン〉
メガネ／ブルース〈VONN〉
ニットベスト（スタイリスト私物）

P108～109
Tシャツ、スカート／ルシェルブルー
イヤリング／セシル・エ・ジャンヌ

P110～111
すべて、スタイリスト私物

P112～114
ワンピース／スタニングルアー 新宿店
〈スタニングルアー〉

P116～137
チュールスカート／ビリティス
〈ビリティス・ディセッタン〉
バングル／ジュエッテ
トップス、靴（スタイリスト私物）

P138～139
シアージャケット／SANYO SHOKAI
カスタマーサポート〈キャストコロン〉
イヤカフ、リング／エレメントルール
カスタマーサービス〈パティエラ〉
その他（スタイリスト私物）

SHOP LIST

ア アイエスリンク／エリップス　0120·320·770
アスレティア　0120·220·415
アディクション ビューティ　0120·586·683
アメリヴィンテージ　03·6712·7887
アユーラ　0120·090·030
アリエルトレーディング　0120·201·790
アルビオン　0120·114·225
アンプリオリス・ジャパン　0120·838·747
アンプリチュード　0120·781·811

イ e.m.表参道店　03·5785·0760
イヴ・サンローラン・ボーテ　0120·526·333
イソップ・ジャパン　03·6271·5605
イミュ　0120·371·367

ウ ヴァイタルマテリアル　03·6205·5256
uka Tokyo head office　03·5843·0429

エ エスティ ローダー　0570·003·770
エナソルーナ　https://www.enasoluna.com
MTG　0120·467·222
エレガンス コスメティックス　0120·766·995
エレメントルール カスタマーサービス　0120·941·954
エレンディーク　03·6853·0100

オ オフィシーヌ・ユニヴェルセル・ビュリー
0120·09·1803

カ 花王／ソフィーナ　0120·165·691
カドー伊勢丹新宿店　03·3351·5586
カネボウインターナショナルDiv.　0120·518·520
カネボウ化粧品　0120·518·520

キ キッズコースター　03·6721·0566

ク CLIO　0800·800·2774
クリニーク お客様相談室　0570·003·770
クルー　03·5643·3551
クレ・ド・ポー ボーテお客さま窓口　0120·86·1982
KURO GINZA　03·6274·6257

ケ ゲラン　0120·140·677

コ コーセー　0120·526·311
ココシュニック　03·5413·5140
コスメキッチン　03·5774·5565
コスメデコルテ　0120·763·325

サ SANYO SHOKAI カスタマーサポート
0120·340·460

シ シゲタ ジャパン　0120·945·995
シスレージャパン　03·5771·6217
ジャパン ブルー ジーンズ 児島店　086·486·2004
シュウ ウエムラ　0120·694·666
シュウエイトレーディング　03·5719·0249
ジュエッテ　0120·10·6616
ジルスチュアート　ビューティ　0120·878·652

ス スタニングルアー 新宿店　03·5321·9416
SUQQU　0120·988·761
ステラハリウッド　03·6805·0390
SNIDEL ルミネ新宿2店　03·3345·5357
スピック　0120·663·337
スメラルダ　info@smeralda.jp

セ セシル・エ・ジャンヌ　0120·995·229
セルヴォーク　03·3261·2892

タ ダイアナ 銀座本店　03·3573·4005

テ ディオール（パルファン・クリスチャン・ディオール）
03·3239·0618

ト TWO　0120·993·854
トゥー フェイスド　0570·003·770
トム フォード ビューティ　0570·003·770
ドルチェ&ガッバーナ ビューティお客さま窓口
0120·500·722

ナ NARS JAPAN　0120·356·686

ノ KNOWHOW jewelry　03·5771·2500

ハ パナソニック理美容・健康商品ご相談窓口
0120·878·697
パルファム ジバンシイ〔LVMHフレグランスブランズ〕
03·3264·3941

ヒ ひでまりメディカル　03·6206·9952
ビリティス　03·3403·0320

フ フィルム　03·5413·4141
フェイラー銀座本店　03·5537·3860
Hooves　03·6447·1395
ブルース　03·6438·9913
ブルーベル・ジャパン 香水・化粧品事業本部
0120·005·130

ヘ ヘレナ ルビンスタイン　0120·469·222

ホ ポーラお客さま相談室　0120·117·111
ホールバイセレナテラ　03·6419·7732
ボビイ ブラウン　0570·003·770

ヤ ヤーマン　0120·776·282

ラ LIFE's 代官山店　03·6303·2679
ラブレス青山　03·3401·2301
ランコム　0120·483·666
ランダ　06·6451·1248

ル ルシェルブルー総合カスタマーサービス
03·3404·5370

ロ ローズラボ　03·6277·8755
ロート製薬お客さま安心サポートデスク／ヘリオホワイト
06·6758·1230
ローラ メルシエ ジャパン　0120·343·432

STAFF

人物撮影／吉田 崇（まきうらオフィス・表紙、P5、P29、P32～P50、P78、P94～P95、P97、P108～P109、P177、P122、P127、P128-129、P132、P136-137）、菊池泰久（vale.・P8～P27、P30～P31）、中島 洸（まきうらオフィス・P2、P60～63、P139）、横山翔平（t.cube・P110～P114）

静物撮影／野呂知功（TRAIVAL・角版）、金野圭介（切り抜き）

ヘア&メイク／河北裕介（表紙、P5、P108～P109）、笹本恭平（ilumni・P10～P15、P30～P31）、中山友恵（P16～21、林 由香里（ROI・P22～P27）、岡田知子（TRON・P29、P32～P50、P78、P94～P95、P97、P177、P122、P127、P128-129、P132、P136-137）、河嶋 希（io・P2、P60～63、P139）、福寿瑠美（ピースモンキー・P60～63）

スタイリスト／小川未久（人物）、大島有華（静物）

撮影協力／UTUWA、EASE

デザイン／COSTA MESSA

編集／杉浦由佳子、高橋尚子（美的ブランド室）

宇垣美里のコスメ愛

／BEAUTY BOOK

2020年11月23日 初版第一刷発行

著者	宇垣美里	印刷所	共同印刷株式会社
発行者	兵庫真帆子	製本所	牧製本印刷株式会社
発行所	株式会社小学館		
	〒101-8001	制作	望月公栄
	東京都千代田区一ツ橋2-3-1	販売	根来大策
電話	編集 03-3230-9370	宣伝	細川達司
	販売 03-5281-3555		

ISBN 978-4-09-310665-8